KB210551

기도, 어떻게 해야 할까?

기도, 어떻게 해야 할까?

저자 이대희

초판 1쇄 발행 2019. 5. 22.
개정판 1쇄 발행 2022. 11. 22.

발행처 도서출판 브니엘
발행인 권혁선

책임편집 김지연
책임교정 조은경

등록번호 서울 제2006-50호
등록일자 2006. 9. 11.

서울특별시 송파구 백제고분로28길 25 B101호 (05590)
마케팅부 02)421-3436
편집부 02)421-3487
팩시밀리 02)421-3438

ISBN 979-11-90308-88-5 03230

독자의견 02)421-3487
이메일 editorkhs@empal.com

북카페 주소 cafe.naver.com/penielpub.cafe
인스타그램 @peniel_books

도서출판 브니엘은 독자들의 원고를 설레는 마음으로 기다리고 있습니다.
위의 이메일로 간단한 기획 내용 및 원고, 연락처 등을 보내주십시오.

도서출판 브니엘은 갓구운 빵처럼 항상 신선한 책만을 고집합니다.

[초신자와 기도에 지친 성도를 위한 아주 쉬운 기도서]

기도, 어떻게 해야 할까?

이대희 지음

브니엘

날마다 은혜를 누리게 하는 기도의 삶

우리가 예수님을 믿은 후에 할 일은 무엇일까? 그것은 내가 믿는 예수님을 깊게 알고 배우는 일이다. 예수님을 알아갈 때 주님을 닮게 된다. 그 방법은 크게 두 가지다. 하나는 예수님에 대해서 기록된 말씀을 듣고 그 말씀대로 사는 것이다. 그리고 나를 구원하신 주님과 대화를 나누며 지속해서 교제하는 일이다. 주님과 친밀하게 교제는 나누는 방법은 말씀과 기도이다. 주님은 이미 우리에게 성경을 통해 말씀을 주셨기에, 이제 우리는 기도를 통해 성령으로 구할 바를 아뢰면 된다. 언제나 이 둘은 같이 간다.

그렇다면 기도를 어떻게 해야 할까? 그것에 대한 정해진 답은 없다. 주님과 교제하는 방식은 각자 다르다. 하나님은 우주를 만드신 분이며, 지금도 세상을 운행하시는 높고 크신 분이다. 그렇기에 우리가 어떤 한 가지 방법으로 기도를 제한할 수는 없다. 기도의 방법은 그야말로 다양하다. 성경을 해석하는 방법이 수백 가지가 될 수 있듯 주님과 교제하는 방법 역시 아주 다양하다.

본서는 성경 말씀을 기초로 기도생활에 도움이 되는 다양한 기도 방법을 소개한다. 하지만 이것도 많은 방법 중에 몇 가지일 뿐이다. 다만 필자가 제시한 기도 방법들을 통해 독자들이 자기 상황에 맞게 기도를 확장하고 응용하면 유익할 것이다.

예수님이 제자들에게 가르치신 기도의 내용은 마태복음 6장에 기록되어 있다. 예수님은 제자들에게 기도를 실제로 가르쳐주시기 전에, 먼저 기도에 대한 원리를 말씀하셨다. 그것은 이방인들과 같은 기도를 하지 말라는 뜻이셨다.

이방인(세상 사람과 다른 종교를 믿는 사람)들의 기도는 자기를 위해 존재한다. 그들에게는 자기만 있으면 되고, 대상은 그렇게 중요하지 않다. 대상은 자기를 위한 도구일 뿐이다. 엄밀히 말하면 그들은 대상의 뜻과 생각에는 전혀 관심이 없다. 이것이 수많은 우상이 필요한 이유이다. 크든지 작든지, 물체와 동물과 사람이든지 간에 그것은 중요하지 않다. 그들에게는 기도의 대상이 중요하지 않기에 오늘도 계속 만들어낸다. 이것은 자기중심의 이기적인 기도이다.

하지만 그리스도인의 기도는 다르다. 기도의 출발이 내가 아니라 하나님이다. 비록 내가 말하고 간구하지만, 그것은 하나님에게서 오는 것이요, 성령께서 내 안에서 탄식하며 기도하시는 것이다. 그리스도인의 기도는 내가 아니라 하나님에게 관심을 둔다. 처음 기도할 때는 내가 중심이지만 나중에는 기도의 지성소에 들어가면서 기도가 하나님 중심으로 바뀐다. 이것이 기도의 종착지다. 기도의 핵심은 내가 죽고 내 안에 그리스도께서 사시는 것이다.

기도할 때는 기도의 원리가 있다. 그것은 우리의 간구가 아니라 하나님의 뜻을 구하는 것이다. 대표적인 기도가 예수님께서 제자들에게 가르쳐주신 주기도문이다. 이 주기도문은 제자들이 기도의 방법을 배우기 전에 알아야 할 기도의 원리를 말하고 있다. 기도할 때 의미 없이 중언부언하는 것은 아직 하나님을 제대로 인식하지 못해서다. 기도의 방향은 우리가 아니라 항상 하나님께 두어야 한다. 그렇지 않고 나의 필요를 구하는 것에 목적을 둔다면 이는 곧 이방인의 기도와 다를 바 없다.

우리의 기도는 기도하기 전에 우리에게 있어야 할 모든 것을 하나님 아버지께서 먼저 아신다는 데 있다. 하나님은 우리가 기도해야만 아시는 것이 아니다. 이것은 하나님께서 우리에 의해 움직이시는 분이 아니라는 뜻이다. 우리가 기도하기 때문에 하나님께서 행동하시는 것이 아니다. 다만 모든 것을 알고 계시는 하나님 앞에서 우리에게 이미 허락하신 것들 기도로 받게 되는 것이다. 그렇기에 기도는 내가 원하는 것을 받는 것이 아니라 하나님께서 허락하신 은혜를 받아 누리는 것이다. 우리의 행위 이전에 하나님의 존재가 우선이다. 이 원리에 따라 마태복음 6장 9절에 "그러므로"로 시작하는 기도의 실재를 예수님이 제자들에게 가르쳐주셨다(마 6:5-9).

5. 또 너희는 기도할 때에 외식하는 자와 같이 하지 말라. 그들은 사람에게 보이려고 회당과 큰 거리 어귀에 서서 기도하기를 좋아하느니라. 내가 진실로 너희에게 이르노니 그들은 자기 상을 이미 받았느니라.

6. 너는 기도할 때에 네 골방에 들어가 문을 닫고 은밀한 중에 계신 네 아버지께 기도하라. 은밀한 중에 보시는 네 아버지께서 갚으시리라.

7. 또 기도할 때에 이방인과 같이 중언부언하지 말라. 그들은 말을 많이 하여야 들으실 줄 생각하느니라.

8. 그러므로 그들을 본받지 말라. 구하기 전에 너희에게 있어야 할 것을 하나님 너희 아버지께서 아시느니라.

9. 그러므로 너희는 이렇게 기도하라.

좋은 방법은 원리에서 나온다. 믿음에서 행함이 나온다. 방법은 원리를 구현하는 것이다. 기도의 방법이 다양하고 창조적인 것은 하나님이 무한하시기 때문이다. 기도를 통해 이루어지는 일은 마지막에 하나님의 영광이 나타나는 것이다. 약속하신 하나님의 신실하심이 기도를 통해 성취되고 선포되는 것이다. 이것을 우리는 하나님의 뜻이 이루어진다고 말한다. 기도를 통해 많은 기적이 일어난다. 만약 그것들을 통해 하나님의 존재와 위대하심을 드러내지 못한다면 그 기도는 헛된 메아리일 뿐이다.

본서에 소개하는 다양한 기도 방법을 통해 우리의 생각을 넘어 살아 역사하시는 하나님을 경험하는 일이 중요하다. 그런 의미에서 우리의 기도는 창조적이어야 하고, 늘 새로운 기도가 이루어져야 한다. 바라기는 본서에 제시된 다양한 기도 방법을 통해 하나님에 대한 지경이 점차 넓어지고 깊어지며 높아지는 시간이 되기를 소망한다.

아울러 본서를 통해 기도를 생활 속에서 실천하면서 그동안 느끼지 못했던 하나님의 존재와 사랑을 새롭게 경험하는 계기가 되었으면 한다. 그리고 기도를 통해 예수님의 마음을 품고 삶이 달라지는 겸손한 모습을 소망해본다. 이 책에서 다양한 기도 방법을 제시한 것은 우리의 신앙이 모든 삶에서 주님을 주인 되게 하고 부르신 곳을 성소로 만드는 데 그 목적이 있다. 이것을 깨닫는다면 더욱 즐거운 기도 시간이 될 것이다.

야곱이 집을 떠나 벧엘에서 돌베개를 베고 잠을 자다가 일어나 하나님을 발견하고, 베개로 삼았던 돌을 세우고 기름을 붓고 그 장소에 맞는 방법으로 예배하며 창조적으로 기도한 것처럼 오늘 우리도 일상에서 마음만이 아니라 다양한 기도 방법을 통해 오직 하나님만 높이는 삶이 되기를 소망해본다.

이 책이 독자들의 기도를 새롭게 창조하고, 하나님께 가까이 나아가서 친밀한 관계를 유지하는 귀한 기도의 동반자가 되었으면 한다. 이 책을 쓰는 중에도 늘 곁에서 함께 기도하며 힘과 위로를 준 기도의 동반자 사랑하는 아내에게 감사를 전한다. 그리고 기도를 통해 지금까지 잘 자라준 두 자녀 샘과 기쁨이에게 고마운 마음을 전한다. 모든 영광을 하나님께 올려드리며….

글쓴이 이대희 목사

"무릇 하나님의 영으로 인도함을 받는 사람은 곧 하나님의 아들이라. 너희는 다시 무서워하는 종의 영을 받지 아니하고 양자의 영을 받았으므로 우리가 아빠 아버지라고 부르짖느니라. 성령이 친히 우리의 영과 더불어 우리가 하나님의 자녀인 것을 증언하시나니"(롬 8:14-16).

기도 방법을 체득하라

: 원리를 따라 기도하는 법 배우기

＊　＊　＊　＊　＊

기도, 어떻게 해야 할까?

　　　　요즘은 주로 스마트폰을 통한 SNS나 문자로 소통하다
보니 사람들과 만나면 무슨 말을 해야 할지 점점 어려워지고 있다.
함께 사는 가족 간에도 출퇴근 시간이 다르고, 각자 바쁜 시간을 보
내다 보니 같은 공간에서 한 끼 식사조차 함께하기 힘들다. 특히 아
버지와 아들 간에 대화는 더욱 그렇다. 옆에 있어도 할 이야기가 별
로 없다. 어쩌다 대화하려 하면 무슨 말을 먼저 꺼내야 할지 몰라 침
묵만 흐른다. 그러다 몇 마디하고는 각자 방으로 들어간다. 대화가
가장 잘 이루어져야 할 가정에서 오히려 소통이 안 되는 것이다.

　　하나님과의 관계에서도 이런 성도가 많다. 막상 기도하려고 자
리에 앉지만 몇 마디하고는 그만 포기하고 만다. 더는 기도할 내용

이 생각나지 않는다. 기도 시간을 계속 갖는 게 지루하고 힘들다. 기도해도 즐겁지 않다. 반면 스마트폰과는 시간 가는 줄 모르고 대화를 나눈다. 왜 그럴까? 어디에 문제가 있는 걸까? 기도 시간을 즐겁고 행복한 시간으로 만들 수는 없는 것인가?

하나님과의 대화인 기도를 멈추면 하나님과의 관계도 멀어진다. 기도는 우리가 하나님에게 나아가는 통로이다. 하나님과 영적 관계를 맺는 방법이 바로 기도이다. 하나님의 자녀인 우리가 부모에게 말하듯 하나님과 친밀한 대화를 나누는 것이 곧 기도이다. 하나님은 성경을 통해 우리에게 말씀하신다면 우리는 기도로 하나님께 말하는 것이다. 그렇기에 말씀과 기도는 하나님과 소통의 도구이자 떼려야 뗄 수 없는 불가분의 관계이다.

하지만 막상 기도하려고 하면 어떻게 해야 할지 몰라 막막한 경우가 잦다. 몇 마디하고 나서는 그만두는 경우가 많다. 그것은 기도를 너무 어렵게 생각하거나 기도하는 방법을 잘 모르기 때문에 그렇다. 또한 기도가 신앙생활에서 습관화되어 있지 않기 때문에 그렇다. 초신자나 새신자들도 교회 안에서는 다른 성도들의 기도 드리는 모습을 따라 곧잘 기도하기는 한다. 그러나 막상 교회 밖으로 나오면 마음은 있지만 습관처럼 그렇게 자주 시간을 내어 기도의 자리로 나아가지 못한다.

성경은 반복해서 "쉬지 말고 기도하라" "항상 기도하라"고 말씀한다. 그렇다면 "과연 항상 기도하는 것이 가능할까" 하는 의문을 품는 사람들도 있다. 보통 성도의 기도 시간을 보면 예배드릴 때는 누구나 기도한다. 그리고 교회나 소그룹 모임에서 성경 공부할 때도 기도하고, 새벽기도회에 참석해도 기도한다. 식사 전에 감사기도를 드리는 것은 당연한 일이다. 하지만 그 외의 시간에는 기도를 잘 하지 않는다. 잊어버리고 산다. 어쩌면 교만해서 필요성을 못 느끼는 것인지도 모른다.

이처럼 우리가 정해진 시간 외의 일상에서 기도하기 어려운 이유는 습관화되어 있지 않기 때문이다. 또 자기가 아는 몇 가지 방법으로만 기도하기 때문이다. 기도는 영혼의 호흡이다. 호흡은 쉬지 않고 해야 한다. 호흡을 멈추면 어떻게 되는가? 우리는 늘 생활 속에서 매 순간 기도해야 하는데, 그리고 상황에 맞는 기도를 해야 하는데 이런 기도 방식이 익숙하지 않기 때문에 그렇게 하지 못하는 것이다. 자기가 아는 방법만 고집하면 항상 기도할 수 없다. 항상 기도하려면 일상에서 상황에 맞는 기도를 훈련해야 하고 몸에 체득하는 게 중요하다. 사람을 만나는 일은 시공간의 제한을 받는다. 하지만 하나님과 만남은 시공간을 초월하여 언제라도 가질 수 있다. 정해진 시간 외에도 언제나 기도할 수 있다. 이런 면에서 상황에 맞는 다양한 기도 방법을 습득하는 것이 중요하다.

이 책은 기도하고 싶은데 기도하는 방법을 몰라 주저하는 초신자, 또한 일상에서 습관적으로 기도를 생활화하고 싶은 성도들을 돕고자 기도의 처음부터 상황에 맞는 다양한 방법을 제시하였다. 기도에도 방법이 필요하다. 하나님을 만나는 방법은 다양하다. 하나님은 사람과 다르시기에 그 모습은 각각의 사람에 따라 다르게 응용될 수 있다. 지속해서 기도하며 기도의 영역을 넓히다 보면 자기 상황에 맞는 기도가 가능해진다. 물론 기도 방법을 안다고 해서 기도가 바로 되는 것은 아니다. 지속적인 훈련을 통해서 마음과 몸이 함께해야 한다. 밥 먹듯이 습관처럼 일상에서 자연스럽게 이루어져야 한다.

기도는 자기를 죽이고 하나님에게 자신을 내드리는 산제사의 시간이다. 기도를 막는 가장 큰 걸림돌은 육신이다. 죄악 된 육신은 기도의 장애물이다. 때때로 기도를 쉬고 싶고 다음에 하자는 핑계로 그만두고 싶은 생각이 들 때가 있다. 그렇기에 영으로 육을 죽이지 않으면 기도가 어렵다. 기도는 영적인 싸움이다. 하나님을 우선으로 두는 삶으로 바꾸는 시간이자 나를 갱신하는 과정이다. 그런 점에서 기도는 시간과 장소, 몸과 마음, 그리고 우리의 영이 모두 움직여야 가능한 전인적인 행함이라 할 수 있다.

두 종류의 기도 형태

우리는 기도하기 전에 성경에서 말하는 기도 방법을 터득할 필요가 있다. 그렇지 않으면 우상에게 기도하듯 하거나 살면서 자연스럽게 습득된 다른 종교의 기도 형태나 무속적인 기도를 할 수 있다. 이런 기도와 구별되려면 우리는 하나님께 드리는 온전한 기도 방법을 배워야 한다. 예수님이 제자들에게 기도를 가르쳐주신 것도 이방적인 기도와 차별화된 올바른 기도를 알려주시기 위해서였다. 이런 면에서 우리는 기도 방법을 제대로 배워야 한다. 무조건 기도한다고 다 기도가 되는 게 아니다. 자칫 자기 방식대로 열정적으로 기도하고서도 응답이 없을 수 있다.

기도는 그리스도인만의 전유물이 아니다. 기도는 보편적인 단어다. 하나님을 믿지 않는 사람들도 기도라는 말을 사용한다. 다른 종교에서도 기도한다. 그렇다면 그들의 기도와 그리스도인의 기도가 무엇이 다른지 먼저 알아야 한다. 그동안 우리 기도의 문제점은 성경에서 말하는 기도를 배우기보다 다른 사람들이 기도하는 모습을 보고 배우는 것이 많았다. 집에서 부모님을 통해, 교회에서 성도들의 기도 모습을 통해, 아니면 기도원 집회 등에서 기도하는 모습을 보고 배우는 경우가 대부분이었다. 이것은 쉽게 기도를 배울 수 있다는 장점이 있지만 성경적으로 검증되지 못한 비성경적인 기도 방법을 배울 수 있다는 문제점도 있다. 그러다 보니 평생 잘못된 그 방법에서 벗어나지 못하는 경우가 잦다.

테니스나 탁구 등 운동을 배울 때 기본자세를 제대로 익히는 일이 중요하다. 기본기를 바르게 배우지 못하면 평생 고치기 어렵다. 한 번 배운 것을 버리고 새로운 것을 습득하는 일은 몇 배의 노력이 필요하다. 기본자세를 익히지 못한 사람은 아무리 노력해도 어느 시점에 이르면 발전이 안 된다. 왜 그럴까? 기본기가 약하기 때문이다. 꼭 필요한 기본자세를 습득하지 못했기에 쉽게 흔들리고 다음 단계로 도약할 수 있는 응용력이 떨어진다. 처음에는 자기 마음대로 쉽게 되는 듯하지만 어느 순간 한계에 부딪힌다. 이것은 기도에도 그대로 적용된다. 이런 점에서 올바른 기도 방법을 배우는 일은 매우 중요하다.

일반적으로 우리는 기도 형식을 크게 두 가지로 나누어 생각할 수 있다.

첫 번째는 나의 힘으로 기도하는 형식이다. 이것은 예수님을 믿지 않는 사람들이 주로 하는 방식이다. 다른 종교나 세상에서 말하는 기도 방법이다. 이들은 인간의 힘을 의지해서 기도한다. 그들의 기도는 인간의 선한 행위와 노력에 따라 결과도 달라진다고 믿는다. 여기에 해당하는 기도 방법으로 주변에서 쉽게 찾아볼 수 있는 108 배라든지 수행, 자기 몸을 심하게 다루는 고행, 정해진 규칙이나 율법 등을 목숨 걸고 행하는 것 등이 있다. 불교, 힌두교, 이슬람교에서 주로 다루는 기도 형태이다.

또 다른 예로 마음에 평안을 얻는 기도 형식이다. "당신은 왜 기도합니까?" "당신은 왜 절이나 회당에 갑니까?"라고 물으면 가장 많이 나오는 대답이 "마음에 평안을 얻기 위해서"라고 말한다. 이런 사람들의 특징은 기도의 주체가 자신에게 있다. 자신의 감정과 욕구를 충족시키기 위해 이런 행위를 한다. 그들에게 기도는 자신을 위로하는 도구일 뿐이다. 우상을 세워놓고 기도하는 사람들은 모두 이런 자기중심적인 기도를 한다. 기도를 자신의 소원을 이루는 도구로 이용하는 것이다.

기도 형식의 두 번째는 하나님의 영(성령)으로 기도하는 방법이다. 이것은 그리스도인의 기도 방법이다. 내가 기도하지만 내 안에 오신 성령께서 나를 통해 기도하는 방법이다. 기도 주체가 다르다. 성령의 인도하심을 따라 기도하는 방법으로, 나의 죄를 회개하고 예수를 주로 시인한 구원받은 성도들이 하는 기도 방식이다. 이 기도는 내가 노력해서 하늘로 전해지는 기도가 아니라 하나님께서 인간에게 내려오셔서 우리 안에 거하시는 성령으로 기도하는 방법이다. 내가 기도하지만 성령께 순종하는 기도로써 주님이 주시는 힘을 따라 기도하는 것이다. 이것은 첫 번째 방식의 기도와 근본적으로 다르다. 이런 기도는 구원받고 성령을 받은 사람만이 할 수 있다. 예수님을 믿고 구원받은 사람은 누구나 할 수 있는 기도이다.

이 책에서 말하는 기도는 두 번째 형식의 기도를 말한다. 이런 점에서 성경에서 말하는 기도 방법을 배우는 것은 모든 그리스도인에게 필수적인 일이다. 기도를 많이 하는데도 오히려 기도하는 것으로 더 큰 문제가 발생하는 것은 올바른 기도를 배우지 못해서다. 특히 초신자가 성경에서 말하는 기도 방법을 터득하는 일은 매우 중요하다. 기도를 배우지 않으면 세상의 방식으로 응답도 없는 잘못된 기도를 평생 할 수도 있기 때문이다.

기도의 뿌리는 믿음이다

성경에 보면 믿음대로 이루어지는 기도 응답의 이야기가 반복해서 소개되고 있다. 예수님은 많은 병자를 고쳐주셨다. 그때 강조하신 말씀은 믿음대로 된다는 것이었다. 믿음이 있을 때 치유와 문제 해결이 일어난다. 기도 응답의 조건은 오직 믿음이다. 믿음의 기도는 병든 자를 구원한다(약 5:15). 믿음으로 드리는 기도는 반드시 응답된다.

"오직 믿음으로 구하고 조금도 의심하지 말라. 의심하는 자는 마치 바람에 밀려 요동하는 바다 물결 같으니 이런 사람은 무엇이든지 주께 얻기를 생각하지 말라"(약 1:6-7).

하나님은 믿음으로 기도할 때 역사하신다. 우리의 기도는 자기 힘이 아닌 믿음에 근거한다. 그리스도인의 기도 출발점은 구원이며 믿음이다. 기도 역시 믿음으로 이루어진다. 하나님을 신뢰하는 믿음을 가지고 기도할 때 응답이 나타난다. 아무나 기도할 수 있는 게 아니다. 믿음을 가진 사람만이 기도할 수 있다. 하나님을 믿을 때 비로소 성령으로 "아빠 아버지"라고 기도하게 된다.

기도는 내가 하는 게 아니라 믿음이 하게 한다. 내 힘으로 기도하는 것이 아니라 하나님께서 은혜로 부어주신 그 믿음의 힘으로 기

도하게 된다. 이것이 믿음의 기도이다. 기도는 기도하도록 은혜를
주시고 마음을 움직여주셔야 기도가 되는 것이지, 내가 하고 싶다고
해서 기도가 되는 것이 아니다. 성령께서 역사하실 때 기도할 수 있
다. 성령께서 내 안에서 나와 같이 기도하실 때 기도할 수 있게 된
다. 이것이 그리스도인의 기도와 세상의 기도가 다른 점이다.

많은 사람이 기도할 때 가장 크게 오해하는 점이 바로 이 부분이
다. 기도는 영으로 하는 것이지 육으로 하는 게 아니다. 물론 영으로
기도하지만 우리의 몸도 함께해야 기도할 수 있다. 이때 육신은 영
으로써 지배당하는 몸이다. 영으로 육신을 죽이면 죽을 몸이 살아난
다(롬 8:11). 이때 비로소 기도가 이루어진다. 기도가 힘든 이유는 육
신적인 내가 하려 하기 때문이다. 하지만 영으로 기도하면 기도가
즐겁고 쉽다. 그렇기에 기도는 나 혼자 하는 게 아니라 성령께서 친
히 함께하셔서 우리의 영과 더불어 하는 것이다.

"무릇 하나님의 영으로 인도함을 받는 사람은 곧 하나님의 아들
이라. 너희는 다시 무서워하는 종의 영을 받지 아니하고 양자의
영을 받았으므로 우리가 아빠 아버지라고 부르짖느니라. 성령이
친히 우리의 영과 더불어 우리가 하나님의 자녀인 것을 증언하
시나니"(롬 8:14-16).

기도의 뿌리는 믿음이다. 기도는 내가 하는 것이 아니라 믿음이

하는 것이다. 우리가 정말로 기도하고 싶다면 기도할 수 있도록 힘을 부여해주는 믿음에 집중해야 한다. 우리가 기도하지 못하는 이유는 믿음이 없기 때문이다.

한번은 예수님이 두로와 시돈 지방에 가셨다(마 15:21-28). 거기에 한 가나안 여인이 살고 있었다. 그 여인은 딸이 귀신 들린 심각한 상황이었다. 여인은 예수님에게 나아와 자기를 불쌍히 여겨달라고 소리 질러 간구했다.

"주 다윗의 자손이여, 나를 불쌍히 여기소서. 내 딸이 흉악하게 귀신 들렸나이다."

하지만 예수님은 반응하지 않으셨다. 그리고 계속 두 번에 걸쳐 거절의 말씀을 하셨다.

"나는 이스라엘 집의 잃어버린 양 외에는 다른 데로 보내심을 받지 아니하였노라."

"자녀의 떡을 취하여 개들에게 던짐이 마땅하지 아니하니라."

그런데도 그 여인은 포기하지 않고 예수님께 더 가까이 다가가 대답했다.

"주여, 옳소이다 마는 개들도 제 주인의 상에서 떨어지는 부스러기를 먹나이다."

여인은 포기하지 않고, 더욱 담대히 나아가 적극적으로 간청했다.

그러자 예수님은 "여자여, 네 믿음이 크도다. 내 소원대로 되리라"고 말씀하셨다. 그 즉시 죽어가던 그 여인의 딸이 나았다.

어떻게 이런 일이 가능했을까? 상종하기도 꺼리던 이방 가나안 여인은 어떻게 응답받을 수 있었을까? 바로 그 여인의 믿음 때문이었다. 예수님이 자기 딸을 구해주실 것이라는 확실한 믿음이 그 여인에게 더욱 간청하게 하였고, 끈질기게 기도하게 만들었다. 주님을 향한 믿음이 세 번의 거절을 이겨냈다. 마지막에 예수님은 그 여인에게 "네 믿음이 크도다"라고 칭찬하셨다. 예수님은 그 여인의 믿음을 보신 것이다. 결국 포기하지 않고 끈질기게 기도할 수 있었던 원동력은 바로 믿음이었다.

우리의 기도도 마찬가지다. 믿는 만큼 기도한다. 내가 기도하지만 그것은 믿음으로 기도하는 것이다. 하나님에 대한 믿음이 있을 때 우리는 기도하게 된다. 이것이 세상의 기도와 근본적으로 다른 그리스도인이 가져야 할 기도의 모습이다. 이런 기도 방법을 배워야 한다.

그렇다면 우리가 쉬지 않고 지속해서 기도하기 위해서는 무엇을 해야 할까? 그것은 믿음을 굳게 하는 일이다. 어떤 상황에서도 기도를 포기하지 않고 지속하는 방법은 믿음밖에 없다. 왜 기도가 힘든가? 그것은 믿음이 약해서다. 지금부터 믿음을 굳게 하는 방법을 찾으면 능력 있는 기도가 나의 삶에 자리 잡게 될 것이다.

선지자 엘리야가 비가 오지 않기를 간절히 기도한즉 3년 6개월 동안 비가 오지 않았다. 그리고 다시 기도하자, 하늘이 비를 주고 땅이 열매를 맺었다(약 5:17-18). 엘리야가 이렇게 기도할 수 있었던 이유는 하나님에 대한 믿음이 있었기 때문이다. 천지를 만드신 하나님은 하지 못 할 일이 없으시다는 그 믿음이 엘리야가 기도하게 했다. 우리도 엘리야와 같은 믿음을 가지면 엘리야와 같은 기도를 할 수 있다. 엘리야도 우리와 똑같은 인간이다. 그렇다면 이것은 우리도 가능하다는 방증이 아니겠는가!

우리가 자주 기도에 실패하는 이유는 믿음이 부족해서다. 이 믿음의 힘을 키워야 한다. 물론 기도는 기도함으로써 능력이 생긴다. 하지만 기도의 근원은 믿음에서 나오기에 이 능력을 키우는 데 집중해야 한다. 나의 육신을 위한 기도보다 더 필요한 기도는 바로 믿음을 위한 기도이다. 이것이 우리가 기억해야 할 기도의 원리이다.

사도 바울이 에베소교회를 위해 기도한 내용을 살펴보면, 우리는 믿음을 위해서 어떻게 기도해야 하는지 그 지침을 확인할 수 있다.

이러므로 내가 하늘과 땅에 있는 각 족속에게

이름을 주신 아버지 앞에 무릎을 꿇고 비노니

그의 영광의 풍성함을 따라 그의 성령으로 말미암아

너희 속사람을 능력으로 강건하게 하시오며

믿음으로 말미암아 그리스도께서

너희 마음에 계시게 하시옵고

너희가 사랑 가운데서 뿌리가 박히고 터가 굳어져서

능히 모든 성도와 함께 지식에 넘치는

그리스도의 사랑을 알고

그 너비와 길이와 높이와 깊이가 어떠함을 깨달아

하나님의 모든 충만하신 것으로

너희에게 충만하게 하시기를 구하노라.

우리 가운데서 역사하시는 능력대로 우리가 구하거나

생각하는 모든 것에 더 넘치도록 능히 하실 이에게

교회 안에서와 그리스도 예수 안에서 영광이

대대로 영원무궁하기를 원하노라. 아멘. (에베소서 3:14-21)

사도 바울의 기도는 오늘날 우리를 위한 기도이기도 하다. 여기서 강조하는 내용은 "성령으로 말미암아 너희 속사람을 능력으로 강건하게 하시오며"라는 말씀이다. 또 "믿음으로 말미암아 그리스도께서 너희 마음에 계시게 하시옵고 너희가 사랑 가운데서 뿌리가 박히고 터가 굳어져서 능히 모든 성도와 함께 지식에 넘치는 그리스도의 사랑을 알고 그 너비와 길이와 높이와 깊이가 어떠함을 깨달아 하나님의 모든 충만하신 것으로 너희에게 충만하게" 해달라는 기도이다. 믿음의 터전을 굳게 해달라는 믿음의 충만이 곧 기도를 계속하게 한다. 믿음과 기도는 비례한다. 능력 있는, 응답받는 기도를 하고 싶다면 믿음의 터전을 굳게 하여 흔들리지 않는 믿음을 갖는 일이 중요하다. 뿌리가 튼튼해야 나무도 잘 자라고 열매가 풍성하게 맺힌다.

또한 믿음을 굳게 하는 방법에 대해서 바울은 이렇게 권면한다. "그러므로 너희가 그리스도 예수를 주로 받았으니 그 안에서 행하되 그 안에 뿌리를 박으며 세움을 받아 교훈을 받은 대로 믿음에 굳게 서서 감사함을 넘치게 하라"(골 2:6-7). 감사함이 넘치는 기도는 흔들리지 않는 믿음에서 나온다. 상황에 따른 감사를 하려면 힘들다. 우리의 삶은 고난의 연속이고 만족한 상태를 기대하기 어렵기 때문이다. 만약 이런 상황을 바라고 기도한다면 쉽게 낙심할 수 있다. 기도는 닥친 상황과 상관없이 항상 감사하고 기뻐하는 능력이다. 힘 있는 기도는 상황이 아닌 믿음에 뿌리를 두고 있다. 우리 안에 있는 믿음의 뿌리를 얼마나 깊게 하나님에게 내리고 있느냐가 기도 응답을 좌우한다.

> 비록 무화과나무가 무성하지 못하며
> 포도나무에 열매가 없으며, 감람나무에 소출이 없으며
> 밭에 먹을 것이 없으며, 우리에 양이 없으며
> 외양간에 소가 없을지라도
> 나는 여호와로 말미암아 즐거워하며
> 나의 구원의 하나님으로 말미암아 기뻐하리로다.
> (하박국 3:17-18)

예수 그리스도의
이름으로 기도하라

　　믿음을 굳게 세운다는 것은 예수님 안에 깊게 들어간다는 뜻이다. 여기서 믿음은 예수 그리스도에 대한 믿음이다. 우리가 예수님을 믿고 예수님을 주로 받았다면 이제 예수님 안에서 행해야 한다. 예수님을 아는 일에 힘써야 한다. 믿음은 아는 만큼 생기기 때문이다. 기도의 핵심은 예수님이다. 예수님이 생각나고, 예수님의 마음을 품고, 예수님처럼 살아가기 위해 기도한다면 지금 나의 기도는 올바른 방향으로 나아가고 있다. 그런데 기도하면서도 예수님의 삶과 거리가 있고, 예수님의 흔적이 안 보인다면 지금 나의 기도에 심각한 문제가 있는 것이다.

　　우리가 이렇게 담대하게 하늘 보좌 앞에 나아갈 수 있는 것은 예수님 때문이다. 사실 우리는 죄인 된 이런 모습으로 감히 하나님 앞에 나아갈 수 없다. 죄인은 거룩한 하나님 앞에 서면 모두 죽는다. 하나님과 만난다는 것은 이사야의 말처럼 "화로다. 내가 망하게 되었도다"라는 상태에 서게 되는 일이다. 그래서 구약시대에는 대제사장 외에는 누구도 지성소에 들어갈 수 없었다. 그것도 1년에 딱 한 번만 들어갈 수 있었다. 그런데 지금 우리는 기도로써 수시로 하나님이 계신 지성소 앞으로 나아간다. 나아가 무엇이든지 아뢴다. 이것은 감당할 수 없는 크고 놀라운 은혜이다.

기도는 제사와 같다. 매일 기도를 드린다는 것은 매일 제사를 지내는 일이다. 이제는 구약시대처럼 죄를 대신할 양의 제물이 없어도 된다. 예수님이 제물을 대신하여 희생양이 되셨기 때문이다. 이제 예수님을 믿는 믿음만 있으면 누구든지 하나님의 지성소로 나아갈 수 있다. 예수님이 나의 죄를 대신 짊어지심으로써 사망과 저주를 이미 받으셨기에 우리는 예수님만 믿으면 저주 없이도 날마다 어디서든지 지성소에 들어갈 수 있다. 이 얼마나 놀라운 은혜인가? 기도는 이런 깊은 사랑과 은혜로 주어진 그리스도인의 특권이다. 모두 예수 그리스도로 말미암아 값없이 얻은 선물이다.

"그러므로 형제들아 우리가 예수의 피를 힘입어 성소에 들어갈 담력을 얻었나니 그 길은 우리를 위하여 휘장 가운데로 열어 놓으신 새로운 살 길이요 휘장은 곧 그의 육체니라"(히 10:19-20).

우리는 기도할 때 늘 잊지 말아야 할 점이 있다. 그것은 예수님을 통해 얻은 놀라운 은혜를 믿음으로 우리가 비로소 기도할 수 있고, 담대하게 하나님께 부르짖을 수 있게 되었다는 사실이다. 이제 우리는 예수님의 이름으로 무엇이든지 구하면 다 응답받을 수 있다. 비록 우리가 죄인 되었음에도 주님을 의지하고 기도하면 하나님은 우리의 죄를 보지 않고 응답해주신다. 이것이 세상 사람들과 다른 그리스도인이 갖는 기도의 특권이다. 하나님은 우리가 기도할 때 이런 믿음이 얼마나 있느냐를 보신다. 이 믿음은 내가 이미 십자가에서 주와 함께 죽었고, 다시 살아난 모습으로 주님 앞에 서 있다는 사실을 온전히 인정하며, 주님을 전적으로 신뢰하는 것이다. 그것이 기도의 뿌리이다.

우리의 기도는 언제나 십자가에 근거한다. 그것을 상징적으로 표현하는 믿음이 바로, 기도를 마치면서 "예수님의 이름으로 기도합니다"라는 고백이다. "예수님의 이름으로 기도합니다"라는 내용은 간단하지만 예수님에 대한 우리의 모든 믿음을 담고 있다. 이름은 그 사람의 모든 것을 의미한다. 이름 하나에 죽고 이름 하나에 산다. 이름 한 글자면 모든 것이 해결된다. 이름 하나만 사인하면 모든 권한과 재산이 나에게 위임된다. 이처럼 이름은 모든 것을 의미한다. 예수님의 이름으로 기도한다는 것도 바로 이런 의미를 담고 있다.

그래서 예수님은 이렇게 말씀하셨다. "지금까지는 너희가 내 이름으로 아무것도 구하지 아니하였으나 구하라. 그리하면 받으리니 너희 기쁨이 충만하리라"(요 16:24). 누구든지 예수님의 이름으로 기도하면 하나님은 우리에게 풍성한 은혜를 주신다. 이 얼마나 놀라운 은혜인가! 그저 기도할 수 있다는 사실이 감사할 따름이다. 이래도 기도하지 않겠는가?

기도에서 처음과 마지막을 아는 일은 기도하는 데 매우 중요하다. 그 첫 번째 과제인 기도의 뿌리와 목표를 알면 기도를 지속하는 데 도움이 된다. 기도가 힘들 때는 시작과 마지막을 점검하면 기도의 문제점을 발견할 수 있다.

그렇다면 기도의 시작과 마지막은 무엇일까? 그것은 예수 그리스도이다. 기도의 출발도 예수님이고 기도의 마지막도 예수님이다. 기도는 주님에 의해 이루어진다. 예수님의 풍성함을 아는 만큼 기도도 풍성해진다. 기도가 막히고 힘들 때는 기도의 뿌리이신 예수님과 멀어진 것이다. 인간의 힘을 의지하거나 주변 환경에 매이게 되면 기도가 힘을 잃는다. 하지만 예수님이 행하신 일에 집중하고 그분으로 인해 풍성한 은혜를 경험하게 되면 자연스럽게 기도의 내용도 풍성해진다. 감사할 은혜가 많고 기도할 내용도 깊어진다. 예수님을 알면 알수록 우리의 부족함을 더 많이 깨닫게 되고 회개의 역사도 더 자주 일어난다.

우리는 예수님을 개념과 지식으로 생각하는 경향이 있다. 단순히 예수님을 나를 위해 십자가에서 죽으신 희생양 정도로 이해한다. 나를 구원해주신 구원자와 천국으로 가는 방법으로만 여긴다. 그렇게 되면 이 세상에서 살아가는 모습에 대해서는 크게 비중을 두지 않게 된다. 그렇게 여겨서는 안 된다. 나를 위해 죽으신 예수님은 천지를 지으신 하나님이시다. 예수님을 믿으면 우리가 걱정하는 모든 일을 해결할 수 있다. 성경 말씀은 모두 예수님을 위해 기록된 것이다. 예수님을 드러내기 위한 것이다. 예수님은 성경 전체이자 성경 그 자체이다. 성경의 역사가 얼마나 깊고 오묘한가? 예수님을 알아가는 것도 이와 같다. 그 깊이와 넓이와 높이와 길이가 우리 인간의 힘으로는 측량할 수 없다.

이런 예수님을 배우고 알아가는 것은 곧 우리 인생의 모든 것을 배우는 일과 같다. 지금도 많은 은혜를 받고 산다. 그것을 이야기하려면 시간이 부족하다. 이 세상을 만드신 하나님과 나를 지금까지 인도하신 하나님이신 예수님과 대화 시간을 갖는데 어떻게 할 이야기가 없겠는가? 온종일 이야기해도 끝낼 수 없다. 그런데 우리는 이런 주님과 기도하는 시간을 아주 간단하게 마무리한다. 사람들과는 온종일 이야기하면서도, 주님과는 나눌 이야기가 별로 없다는 것은 정말 내가 주님을 믿고 알고 있는지 점검해야 할 필요가 있다. 만약 주님과 기도하는 시간이 즐겁지 않다면 나의 신앙을 다시 점검해봐야 한다.

기도의 시작과 마지막은 예수님이다. 기도한다는 것은 이런 예수님과 만나는 일이다. 기도가 힘들다고 느껴진다면 이런 예수님의 풍성함 속으로 다시 푹 들어가야 한다. 그리고 자연스럽게 대화를 나누어야 한다. 그럴 때 그것이 곧 기도가 된다. 그렇게 되면 기도의 방향과 목적이 정해지고 기도가 달라진다.

우리가 인생을 살아갈 때 예수님으로 시작하고 예수님으로 마무리하면 가장 잘 산 인생이다. 이것을 구체적인 삶으로 사는 것이 바로 기도이다. 기도한다는 것은 예수님을 뿌리로 두고 예수님의 영광으로 마무리한다는 선언이자 고백이다. 이런 일은 생각만 해서는 안된다. 남은 인생을 주님에 의해, 주님을 위하여 구체적으로 살고 싶다면 지금부터 예수님에 의한 기도, 예수님을 위한 기도를 시작해야한다.

기도 방법은 예수님 안에 있다

이 책은 기도의 방법을 소개하고 있다. 기도의 방법이 없으면 실천이 힘들다. 기도는 구호가 아닌 실제 일이다. 기도는 많은 이론이 필요하지 않다. 즉시 실천하면 된다. 기도의 방법을 다양하게 소개하면서 이전보다 성숙한 신앙으로 나아가는 길을 안내하고자 한다. 왜 다양한 방법을 사용해서 기도해야 할까? 그것은 예수님을 드러내고 예수님을 닮기 위해서다. 그것을 위해서 기도하는 것이다. 그런데 그 기도의 방법은 세상에 있는 것이 아닌 예수님 안에다 들어 있다. 다양한 기도의 방법을 찾아 적용하고 싶다면 예수님에게 집중하면 된다.

방법은 원리 속에 들어 있다. 먼저 원리이신 예수님을 배우고,

배운 것을 잘 묵상하는 과정이 필요하다. 그리고 그 속에 있는 예수님을 만나 자기를 죽이고, 주님과 일치시키는 일이 기도의 핵심이다. 사랑하면 방법은 자연스럽게 찾을 수 있다. 문제는 진정으로 사랑하지 않기 때문에 방법도 찾지 못하는 것이다. 기도는 주님을 사랑하고 이웃을 사랑하는 것이다. 어느 한순간만이 아닌 삶의 모든 순간에서 주님을 사랑하는 것이다. 주님을 사랑한다면 기도는 필수이다. 주님을 사랑하면 주님을 만나는 기도 시간이 기다려지고 그 시간을 즐기게 된다. 기도하고 나면 힘을 얻고 다시 도전하게 된다. 이것이 기도의 능력이다.

생각해보라. 힘없고 낙심될 때 힘 있는 사람과 만나 대화를 나누면 위로와 용기와 지혜를 얻지 않는가? 그런 사람과 만나 대화했다는 그 자체만으로도 상대방의 모든 것을 얻는 시간이 될 수 있다. 이런 만남의 시간을 지겹다고 한다면 지금 내가 주님을 사랑하고 있는지 다시 점검해봐야 한다. 주님과 만나는 기도 시간은 사랑하는 연인과 만나는 데이트 시간과 같다. 사랑하면 시간이 순식간에 지나간다. 2~3시간은 기본이다. 대화하다 보면 시간이 너무 빨리 지나가듯 주님과 기도로 교제하다 보면 시간이 너무 빨리 지나간다. 이런 기도를 경험해보고 싶지 않은가?

그렇기에 어떻게 기도할까를 고민하지 말라. 주님을 사랑하는 과정으로 기도 시간을 정해 주님과 대화를 나누면 나에게 맞는 기도 방법을 찾을 수 있다. 그리고 어떻게 기도해야 할지도 주님이 가르쳐주실 것이다. 무슨 말을 해야 할지도 성령께서 알려주실 것이다. 중요한 것은 주님을 사랑하는 일이다. 지금부터 기도를 통해 주님을 깊게 사랑하는 순간을 만들어보자. 그러면 기도 시간을 즐길 수 있을 것이다.

> 내가 기도하노라.
> 너희 사랑을 지식과 모든 총명으로
> 점점 더 풍성하게 하사
> 너희로 지극히 선한 것을 분별하며
> 또 진실하여 허물없이 그리스도의 날까지 이르고
> 예수 그리스도로 말미암아 의의 열매가 가득하여
> 하나님의 영광과 찬송이 되기를 원하노라.
> 형제들아 내가 당한 일이 도리어 복음 전파에
> 진전이 된 줄을 너희가 알기를 원하노라. (빌립보서 1:9-12)

3가지 핵심요소를
연결하여 기도하라

기도의 방법을 따르다 보면 자칫 기도가 정해진 법칙 속에 의례적인 율법적인 기도가 되기 쉽다. 그렇게 되면 법칙과 프

로그램 때문에 움직이는 상황이 된다. 이런 기도생활을 한 사람들이 바로 성경에 나오는 서기관과 바리새인들이다. 이 사람들의 기도는 예수님에게 책망을 들은 본받지 말아야 할 기도의 표상이다. 기도는 방법보다 본질적인 내용에 핵심이 있다. 방법을 강조하는 것은 본질과 내용으로 우리를 다가서게 하기 위함이다. 이것을 제대로 이해하지 못하고 기도 방법만 터득하면 종교적이고 외식적인 사람이 되기 쉽다. 방법만 가지고 기도하다 보면 본질을 잊고 방법만 남는 경우가 생길 수 있다. 이것은 신앙훈련에서 조심해야 할 부분이다.

안식일을 정해 기억하고 지켜 행하는 것은 하나님과 이웃을 사랑하기 위해서다. 안식일이 사람을 위해서 있는 것이지, 사람이 안식일을 위해 있는 것은 아니다. 이것이 뒤바뀌면 안 된다. 방법은 본질을 위해 늘 존재한다는 사실을 잊지 말고 기도 방법을 적용해야 한다. 이 책에서 제시한 여러 가지 기도는 다양한 기도의 방법을 예로 제시한 것이다. 주님과 영적 교제인 기도를 깊고 풍성하게 하려는 방법으로 적용하는 것이 중요하다. 기도 방법은 언제나 본질인 하나님의 사랑과 말씀을 이루는 일을 위해 존재한다.

이것을 이루기 위해 제시하는 이 책의 핵심은 3가지 요소를 통한 창조적인 기도를 이루는 데 있다. 기도는 어떤 형식이나 장소나 시간에 지배당해 그것이 법이 되고 원리가 되면 안 된다. 방법은 언제나 달라질 수 있고, 사람마다 다양하게 적용될 수 있다. 또한 한 사람의 방법이 모두에게 적용되는 것은 아니다.

기도할 때 놓치지 말아야 할 것은 기도의 원리를 이해하고, 기도의 방법을 창조적으로 사용하는 일이다. 이것을 위해 기도 방법을 체득하는 3가지 요소와 그것을 서로 연결하고 통합하는 기도 방식을 제시했다. 이 책에서 제시한 3가지 요소를 배우고 터득한 후에 3가지를 서로 연결하여 응용하는 것은 독자 개개인의 몫이다. 이런 과정을 통해 우리는 창조적으로 각자에게 맞는 기도를 할 수 있게 된다. 이것은 기도 방법을 따라 하면서도 또한 제시한 법칙에 매이지 않고 자유롭게 성령의 인도하심을 따라 다양하게 적용하는 창조적인 기도 방법이다.

하나님이 우리에게 기도의 특권을 주신 것은 우리도 하나님과 더불어 창조역사를 이루게 하기 위한 것이다. 하나님이 말씀으로 지금도 계속 창조하신다면 우리는 기도를 통해 하나님의 창조역사에 동참할 수 있다. 기도하는 자는 창조하는 자이며 하나님의 기적을 이루는 자이다. 놀라운 창조의 힘을 이룰 수 있는 도구인 기도를 허락하신 것이 얼마나 감사하고 놀라운 일인가? 주님에게 감사하고 찬양할 뿐이다. 기도할 수 있다는 것 하나만으로도 우리에게는 감격스러운 일이다. 연약한 우리를 구원하여 자녀로 삼아주시고 기도할 수 있는 특권을 주셔서 하나님의 위대한 창조사역에 동참하게 하신 것은 생각할수록 놀랍고 감사한 일이다.

주님은 누구든지 내 이름으로 기도하면 무엇이든지 이룰 수 있는 능력을 주셨다. 이것이 기도의 힘이다. 기도로 창조하는 영역은 하나님이 계신 모든 곳이다. 인간이 정한 한 곳이나 몇 가지 방법으로 하나님의 창조를 제한하는 일은 성경에서 말하는 방법이 아니다. 우리가 생각한 이상의 힘이 기도 속에 감추어져 있다. 주님과 동역하며 하나님 나라를 이루어가는 꿈이 우리에게 주어졌고, 기도의 힘으로 그것을 이룰 수 있다. 기도는 우리가 사는 모든 삶이다. 기도는 방법을 넘어 삶이다. 우리가 기도 방법을 배우고 터득할 때 이 책에서 제시한 다양한 방법을 성령과의 소통 속에서 아름답게 연결하고 조화를 이루어가는 지혜가 필요하다.

그렇다면 기도를 생활화하는 데 필요한 세 가지 핵심요소는 무엇인가?

첫째, 본질에 해당하는 내용이다. 이것은 말씀이다. 기도는 말씀을 이루는 데 초점이 있다. 사실 이것은 가장 중요한 기도 요소이다. 그런데 이 본질적인 내용만으로는 안 된다. 그것을 실천하는 방법으로 두 가지 요소가 더 필요하다. 그것은 시간과 장소이다. 그중에서 두 번째 요소는 시간이다. 기도는 엄밀히 보면 시간을 정복하는 데서 성패가 좌우된다. 보통 시간을 내지 못해서 기도에 실패한다. 그런 점에서 기도 시간을 정복해야 하는데, 이것을 구체적으로 어떻게 할 수 있는지, 이 책에서 실제적인 방법을 제시했다. 시간을 거룩한 하나님과 기도 시간으로 만드는 데 초점을 두고, 제시한 방법들을 적용하면 기도훈련에 유익할 것이다.

또 다른 요소는 공간이다. 사람은 공간 속에서 살아간다. 그런데 우리가 사는 공간을 어떻게 기도실로 만들 수 있는지가 관건이다. 이 공간을 점차 넓혀 나가는 게 기도의 과제이다. 이것을 도전과제로 삼고 기도로 우리가 있는 곳을 하나님의 성소로 만든다면, 그곳이 교회가 되고 하나님의 역사가 일어나는 거룩한 장소가 될 것이다. 이 책에서는 공간적인 영역을 어떻게 확장해서 기도의 지경을 넓히느냐에 관심을 두고 방법들을 제시했다. 이런 측면으로 각자 적용하면 좋을 것이다.

그리고 마지막으로 이 세 가지 요소를 서로 연결하고 통합하여 하나의 영적 예배로 드린다면 이것이 주님이 원하시는 영적 예배이자 거룩한 복음의 삶이 될 것이다. 모든 시간 속에, 모든 공간에 하나님의 말씀이 지배하고 중심이 된다면 이보다 더 아름다운 하나님 나라는 없을 것이다. 기도는 바로 이것을 이루는 놀라운 영적 무기이다. 이 무기를 어떻게 사용하고 적용할 것인가는 각자의 부름과 소명에 달려 있다.

믿는 만큼 기도한다. 내가 기도하지만
그것은 믿음으로 기도하는 것이다.
하나님에 대한 믿음이 있을 때
우리는 기도하게 된다. 이것이
세상의 기도와 근본적으로 다른
그리스도인이 가져야 할 기도의 모습이다.

"그러므로 그들을 본받지 말라. 구하기 전에 너희에게 있어야 할 것을 하나님 너희 아버지께서 아시느니라" (마 6:8).

기도의 본질에 집중하라

: 성경적인 기도 모델을 마음에 품기

* * * * *

기도가 어려운 이유

교인들에게 신앙생활에서 어려운 일을 하나 꼽으라면 대부분 기도라고 대답한다. 특히 예수님을 믿은 지 얼마 안 된 초신자들은 더욱 그렇다. 왜 그럴까? 그것은 사람과의 만남에서 이루어지는 대화와 하나님과 나누는 기도는 차원이 다르기 때문이다. 사람과의 만남은 눈에 보이는 만남이다. 하지만 기도는 눈에 보이지 않는 하나님과 영으로 대화하는 것이기에 어려울 수밖에 없다. 특히 초신자들은 기도하고 싶은데 막상 하려고 하면 어떻게 해야 할지 몰라 막막하고 말문이 막힌다. 그래서 주변 사람들의 기도하는 모습이나 서점에 나와 있는 기도 관련 책들을 통해 도움을 받고자 하지만 그것마저 쉽지 않다. 왜? 어떻게 하는지 방법을 모르기 때문이고,

방법을 안다고 해도 잘못된 방식으로 비기독교인들처럼 구하기 때문이다.

그런데 우리가 기도하려는데 잘 안되는 이유는 의외로 간단하다. 내가 기도하려고 하므로 그렇다. 많은 사람은 기도를 일반인이 생각하는 기도처럼 이해한다. 이런 기도는 그리스도인만 하는 게 아니다. 다른 종교나 종교를 갖지 않은 사람들도 기도한다. 세상 사람들도 다급할 때 하늘을 향해 "도와주소서!"라고 막연하게 기도하거나 옛날 사람들처럼 서낭당이나 마당에 물 한 그릇 떠놓고 빌면서 기도하기도 한다. 아직도 이런 모습은 시골이나 어촌 마을에 가면 쉽게 볼 수 있다. 또한 자신이 믿는 종교의 방법대로 우상 앞에서 기도한다. 이런 기도들은 모두 자신의 마음과 정성을 다해 자기의 노력으로 하는 기도이다.

하지만 그리스도인의 기도는 차원이 다르다. 기도의 동력이 내가 아닌 하나님이시다. 말씀이 기도의 출발점이다. 말씀이 나에게 기도하게 한다. 세상의 기도와는 완전히 정반대다. 그리스도인의 기도 방법은 인간의 노력이 아니라 하나님이 힘을 주셔서 하는 것이다. 내가 하려고 하면 할수록 더 기도가 어려워진다. 하지만 하나님이 기도하게 하시면 기도가 쉽고 즐거워진다. 말씀 없이 무작정 기도하려니까 어려운 것이다. 기도는 내 힘으로 하려는 순간부터 고역이 된다.

그리스도인 대부분이 예수님을 믿고 난 후에도 기도를 힘들어하는 이유는 아직 기도하는 방법을 제대로 터득하지 못해서다. 여전히 세상의 방식대로 기도하다 보니 기도가 어려운 것이다. 지금부터라도 기도하는 방법을 제대로 터득해간다면 기도는 은혜의 시간이 될 것이다. 기도는 쉽다. 은혜받으면 기도는 쉽다. 하지만 자신의 힘만 의지해서 기도하려면 기도처럼 어려운 일도 없을 것이다.

방법은 원리에서 나온다

모든 일을 쉽게 배우려면 먼저 원리에 충실해야 한다. 방법은 원리에서 나온다. 흔히 방법론만 배워서 방법으로 하는 경우가 많은데, 그렇게 되면 처음에는 쉽게 따라 하지만 얼마 지나지 않아 금방 벽에 부딪히게 되고, 또 다른 방법을 찾게 된다. 원리에서 나오지 않는 방법은 모방에 불과하고 자기 것으로 응용하기 어렵다. 이것은 기도에도 그대로 적용된다. 기도는 내용이 중요하다. 내용이 기도를 결정한다. 방법은 내용을 드러내는 도구일 뿐이다. 그렇다면 당연히 방법도 내용과 연관되어야 한다. 이것은 우리가 기도를 배울 때 꼭 염두에 두어야 할 중요 포인트다.

내용과 방법이 일치되지 않고 분리되면 그것은 이미 죽은 것이다. 기도 방법을 배울 때도 마찬가지다. 다른 사람들이 기도하는 방법을 보고 모방하고 터득한다고 해서 기도가 되는 게 아니다. 처음 기도를 배울 때는 다른 사람들의 기도하는 모습을 보고 많이 배운다. 하지만 기도는 표면상의 드러나는 방법이 아니라 하나님께 드리는 내용이 더 중요하다. 내용에 의해 방법이 나오기에 먼저 내용을 이해하는 것이 우선이다. 내용이 원리라면 형식은 방법이다.

기도의 원리는 말씀이다. 기도의 삶은 얼마나 말씀에 충실하냐에 따라 좌우된다. 정말 기도를 잘하고 싶다면 기도의 원리인 말씀에 충실하고 말씀에 더 관심을 가져야 한다. 이것이 기도를 평생 하게 하는 핵심이다. 많은 사람이 기도를 오래 하면서도 이 원리를 이해하지 못한 체하다 보니 기도가 형식에 치우치는 경우가 많다. 기도의 원리는 성경 속에 다 들어 있다. 원리에 충실하면 방법은 저절로 터득하게 된다.

내가 기도하면 실패한다

기도는 영으로 하는 것이다. 성령으로 기도하는 것이다. 사람들이 기도를 어렵게 생각하고 지속하지 못하는 이유는 성령으로 기도하기보다 내가 기도하기 때문이다. 많은 사람은 기도를 내가 한다고 생각한다. 물론 외적으로 보면 내가 기도하는 것이 맞다. 하지만 내가 하는 그 기도는 내적으로 보면 성령과 함께하는 것을 의미한다. 내가 기도하지만 성령과 더불어 영으로 기도하는 사람이 있는 반면, 성령이 아닌 내 의지와 내 욕심으로 기도하는 예도 있다.

기도가 힘든 이유는 내가 내 힘으로 하기 때문이다. 기도는 영적인 일이다. 사람과의 대화가 아니라 하나님과의 대화이다. 그런데 생각해보라. 내가 어떻게 보이지 않는 하나님과 대화할 수 있는가? 상대방이 없는 상황에서 독백한다고 생각해보라. 얼마나 오랫동안 대화할 수 있겠는가? 할수록 힘들 것이다. 마찬가지로 하나님과의 교제인 기도 시간에 하나님을 영으로 느끼지 못한다면 우리는 기도하기 어려울 것이다. 대부분 사람이 여기서 걸려 넘어지게 되고, 기도 시간을 오래 갖지 못하거나 중단하게 된다. 내가 스스로 기도한다면 힘들 것이다. 하지만 우리를 위해 중보하시는 성령을 의지하여 기도한다면 은혜의 시간이 될 것이다.

내가 누구와 대화할 때 혼자서 말한다면 금방 지친다. 그런데 상대방의 이야기를 듣다 보면 자연스럽게 그 이야기와 관련된 대화를 이어가게 된다. 상대방을 존경하거나 좋아한다면 하고 싶은 말이 더 많아지고, 속마음까지 편하게 털어놓으며 즐겁게 지낼 것이다. 상대방이 누구인가에 따라 우리의 대화가 달라진다. 기도도 마찬가지다. 하나님을 알아가는 만큼 기도의 지경이 넓어진다. 이렇게 보면 기도는 성령의 힘으로 하는 것이다. 얼마나 성령을 의지하여 기도하느냐에 따라 기도의 성패가 결정된다.

누구나 예수님을 믿고 영접하는 순간 예수 그리스도의 영인 성령께서 우리 안에 들어오신다. 그때부터 우리는 자신의 힘이 아니라 내 안에 계신 성령과 더불어 기도하게 된다. 성령께서 하시는 말씀에 순종하면서 하나님과 대화하게 된다. 영은 영이고 육은 육이다. 영은 영으로 만나고 육은 육으로 만난다. 우리가 기도하려면 먼저 거듭난 후에 성령이 우리 안에 오셔야 한다. 그래야 그 영으로 기도하고 하나님과 소통할 수 있다. 그래서 예수님을 믿지 않으면 그리스도의 영이 없기에 영이신 하나님과 기도할 수 없는 것이다. 우리가 기도할 수 있다는 것 하나만으로도 우리에게는 엄청난 축복이다.

하나님과 대화할 수 있다는 것은 하나님을 느끼기에 가능한 일이다. 보이지 않는 하나님을 느끼고 교제를 나눈다는 사실은 우리의 영이 살아 있다는 증거이다. 기도할 수 있다는 것은 지금 영으로 살아간다는 의미다. 이런 점에서 기도는 내가 영적으로 살아 있다는 방증이다. 만약 당신이 기도하지 않거나 기도 시간이 짧다면 지금 당신의 신앙생활을 점검해볼 필요가 있다. 당신의 영이 잠자거나 죽어가고 있기 때문이다. 기도는 영혼의 호흡이다. 기도는 주님을 생각하고 주님과 소통하고 대화하는 것이다.

말씀이 기도보다 먼저다

기도할 때 가장 중요한 것은 내가 먼저 말하는 것보다 말씀이 먼저 임하는 일이다. 말씀이 떠오르고 임하게 될 때 그 기도는 하나님의 뜻과 부합되는 기도가 된다. 그렇지 않고 내가 먼저 기도하게 되면 내가 원하는 대로 인간적인 생각으로 기도하게 된다. 이런 기도는 하나님이 원하시는 기도의 본질과 거리가 먼 기도이다. 그렇기에 기도보다 말씀이 먼저다. 말씀에 따라 기도가 이루어져야 한다. 우리가 먼저 존재하는 것이 아니라 하나님이 먼저 임하셔야 한다. 하나님은 내가 기도하지 않아도 나에게 필요한 것이 무엇인지 다 알고 계신다. 내가 기도의 자리에 가기 전에 이미 하나님은 먼저 오셔서 나를 기다리신다. 그렇기에 기도의 출발은 내가 아니라 하나님의 말씀이어야 한다. 말씀이 없으면 기도도 없다.

"그러므로 그들을 본받지 말라. 구하기 전에 너희에게 있어야 할 것을 하나님 너희 아버지께서 아시느니라"(마 6:8).

신약시대 헬라적인 사고에 익숙한 사람들은 기도와 말씀을 분리해서 이해했다. 하지만 히브리적인 사고는 기도와 말씀을 하나로 여겼다. 성경에서 말하는 기도는 말씀이요, 말씀과 함께하는 순간이 곧 기도하는 시간이다. 말씀과 기도는 분리될 수 없다. 말씀 없는 기도는 이기적인 기도로 흐를 가능성이 크고, 기도 없는 말씀 습득 또한 인간적인 지식에 그칠 확률이 높다. 생명 없는 문자로서 말씀이 될 수 있다.

다시 강조하지만 말씀과 기도는 하나다. 우리는 기도로 말씀과 하나가 되어야 한다. 지금부터 우리는 기도를 말씀으로, 말씀을 기도로 이해하는 것이 중요하다. 기도가 말씀되고 말씀이 기도되면 이보다 아름다운 일은 없다. 우리는 기도할 때 어떻게 하면 나의 기도를 말씀과 일치시킬 수 있는지에 관심을 두어야 한다.

하나님은 본래 말씀이셨다. 예수님이 기도하신 이유는 하나님의 말씀을 이 땅에 이루기 위함이셨다. 이렇게 보면 말씀이 곧 기도이며 기도가 말씀이라는 진리가 더욱 분명해진다. 하나님과 우리의 관계가 다른 어떤 것에 의해 좌우되어서는 안 된다. 오직 하나님을 향한 순종하는 믿음만이 우리의 삶이 되어야 한다. 그렇게 되기 위해서는 하나님과의 대화인 기도 시간을 자주 많이 가져야 한다. 기도는 하나님과의 인격적인 관계를 돈독하게 한다. 그럴 때 주님의 능력이 기도하는 우리에게 임하게 된다.

그렇기에 기도가 어려운 사람, 특히 초신자는 하나님의 말씀을 읽고 묵상한 다음에 기도하면 하나님과의 대화인 기도가 쉬워진다. 말씀에 대해 궁금한 것이나 이해되지 않는 부분, 또는 확신한 말씀을 적용한다는 의미에서 대화를 나누듯 기도하면 생각보다 기도가 쉬워진다. 하나님의 말씀을 먼저 묵상하고 거기서 깨달은 말씀을 중심으로 기도로 하나님과 대화를 나누어보라. 내가 기도하는 것이 아니라 말씀이 나에게 기도하게 하는 은혜를 경험하게 될 것이다. 처음에는 내가 말씀을 의지하고 기도하지만 나중에는 말씀이 기도하게 된다.

이런 과정을 따르다 보면 점점 기도 시간이 즐거워진다. 물론 하루아침에 이루어지는 일은 아니다. 하지만 지속하다 보면 기도가 저절로 나오는 축복을 경험하게 된다. 기도는 본질에서 내 생각이나 필요가 아니라 하나님의 뜻을 이 땅에 이루는 소명이라는 순종하는 믿음이 생기게 된다.

그동안 우리는 말씀을 읽고 기도하는 방법보다 자기 생각을 아뢰는 것으로 기도를 배웠다. 그러다 보니 나의 소원을 구하는 형식의 기도에 익숙하고 이 패턴에서 벗어나지 못하고 있다. 이런 잘못된 방법을 바꾸지 않으면 기도는 갈수록 형식화되고 어려워진다. 기도의 능력이 나타나지 않게 된다. 지금부터라도 성경 말씀을 읽고 다시 기도를 시작해보자. 처음에는 어색하고 어려울지 모르지만 점점 시간이 지나면서 놀라운 기도의 능력을 경험하게 될 것이다. 이런 기도 방법은 종교개혁자 마틴 루터나 5만 번 기도 응답을 받은 조지 뮬러, 기도와 성령의 사람 앤드류 머레이 등 기도의 대가들이 주로 사용한 기도의 방법이다. 당신도 이런 기도 방법을 통해 기도의 대가가 될 수 있다.

기도는 기도를 통해서 배운다

기도하고 싶으면 어떻게 해야 할까? 기도를 잘하는 방

법은 무엇일까? 그것은 직접 해보는 일이다. 외국어를 배울 때 어떻게 하는가? 무작정 직접 따라 하지 않는가? 말은 자주 하면 느는 것처럼 기도도 많이 하는 것이 가장 좋은 방법이다. 성경적 지침에 따라 일상에서 쉬지 않고 기도하는 것이 가장 좋은 배움이다. 그렇게 하려면 우선 좋은 기도를 모델로 삼는 일이 필요하다. 그리고 그 기도와 점차 함께하는 일이 중요하다. 그러다 보면 나도 모르는 사이 자연스럽게 기도의 삶에 들어가면서 영혼의 교제가 이루어지게 된다.

성경에서 가장 좋은 기도 모델은 예수님이 가르쳐주신 주기도문이다(마 6장). 우리는 주로 예배 후반부에 주기도문으로 고백하며 예배를 마친다. 그만큼 주기도문은 우리의 신앙에서 아주 중요한 위치를 차지하고 있다. 그뿐만 아니라 요한복음 17장의 예수님의 대제사장 기도는 우리에게 어떻게 기도해야 하는지 아주 좋은 기도의 모범을 보여준다. 또한 시편을 비롯한 구약의 많은 기도문 등은 우리에게 믿음의 사람들이 어떻게 하나님과 기도로 친교를 나누었는지 우리에게 기도에 관한 유익을 준다. 특히 시편은 150편이나 되는데 그 한 편 한 편이 기도가 된다. 시편은 우리가 기도를 배우는 좋은 신앙의 유산이다. 기도는 이론으로 배우기보다 기도 자체로 배우는 게 가장 좋다. 특히 시편은 그대로 기도하면 된다. 따라 하다 보면 기도가 터득된다. 이런 점에서 성경에 나와 있는 기도문들은 최고의 기도 모델이라 할 수 있다.

그동안 우리는 좋은 영적 유산인 성경 속의 기도시나 기도문 등을 살펴보는 일을 게을리했다. 그러다 보니 잘 정립되지 않은 이방적인 기도 형태로 고착된 부분이 많았다. 기도하면서도 어려움을 많이 느꼈고, 좀처럼 깊은 기도의 세계로 들어가지 못했다. 그것은 성경적 기도훈련을 제대로 하지 않았기 때문이다.

기도는 무조건 하는 것보다 성경적으로 하는 것이 더 중요하다. 별 의미 없는 말을 계속 반복해서 하거나 많은 시간 기도하는 것으로 만족을 누리는 기도가 되어서는 안 된다. 하나님이 원하시는 기도는 다른 사람들에게 보이려는 외형적인 기도나 시간을 채우려는 많은 양의 기도가 아니다. 성령 안에서 행해지는 내적인 바른 자세의 기도이다.

예수님이 가르쳐주신 주기도문을 비롯한 위대한 영적 거인들의 기도를 보면 비록 시간상으로는 짧은 내용의 기도이지만 양을 초월하는 기도였고, 시간으로 잴 수 없는 많은 내용이 담겨 있는 기도였다. 머리나 입술만의 기도가 아닌 온몸의 기도였고, 삶의 모든 영역에서 드리는 기도였다. 아울러 단순히 아뢰는 차원을 넘어 일상에서 행하는 기도였다. 지금부터라도 우리는 이방인처럼 중언부언하는 기도를 하지 말고, 기도의 품격을 높이는 일이 필요하다. 삶의 변화가 일어나는 일상에서 매 순간 드리는 기도가 되어야 한다.

그러기 위해서는 성경을 늘 옆에 두고 틈틈이 기도시나 기도문을 묵상하면서 기도생활을 하는 것이 중요하다. 예수님을 생각하면서 주기도문이나 대제사장의 기도를 자주 묵상하고, 성경 속 영적 거인들의 실제적인 기도시나 기도문 등을 읽으면서 기도의 촉진제로 삼는다면 분명 우리도 놀라운 기도의 세계를 경험하게 될 것이다. 기도 시간이 즐겁고 행복한 기대의 시간이 될 것이며, 우리 주님의 크신 능력을 얻게 되는 놀라운 시간이 될 것이다.

기도의 실제 1. 본질

어떻게 기도해야 하나?

기도는 이론보다 실제가 중요하다. 직접 기도를 하는 일이 매우 중요하다. 외국어를 배울 때를 생각하면 된다. 무작정 따라 하다 보면 익숙해지고, 익숙해지면 다음에는 응용되고, 응용되면 이제 완전히 나의 것으로 체득된다. 이것처럼 처음 기도하는 초신자는 성경에 나오는 좋은 기도문을 무작정 따라서 반복하는 것이 좋다. 따라 하다 보면 어느 순간 성경의 기도가 나의 기도가 된다. 반복해서 나의 것으로 만드는 일이 가장 좋은 기도훈련이다. 어떻게 기도할까 고민할 필요 없다. 지금 즉시 다음에 제시된 성경 말씀들을 가지고 기도하면 된다. 그렇게 반복하다 보면 기도의 기쁨을 알게 될 것이고, 내가 아니라 성령께서 기도하심을 체험하게 될 것이다.

주기도문으로 기도하기

주기도문은 예수님이 제자들에게 가르쳐주신 기도의 교과서이다. 짧은 기도문이지만 기도의 모든 것이 다 들어 있다. 내 생각대로 기도하는 게 아니라 하나님의 뜻을 생각하며 하나님의 마음에 초점을 두고 한 구절씩 따라서 기도해보자. 기도 방법은 주어진 구절의 말씀을 묵상하면서 그것에 맞춰 자기의 언어로 말씀과 대화하는 방식으로 기도하면 된다.

▶ 말씀 읽기 / 마태복음 6:9-13
주기도문이 기록된 성경 말씀을 읽으면서 기도한다. 적어도 3번 이상 읽고, 뜻을 생각하며 기도로 주님과 대화를 나누면 큰 힘을 얻을 것이다.

그러므로 너희는 이렇게 기도하라.
하늘에 계신 우리 아버지여,
이름이 거룩히 여김을 받으시오며
나라가 임하시오며, 뜻이 하늘에서 이루어진 것같이
땅에서도 이루어지이다.
오늘 우리에게 일용할 양식을 주시옵고
우리가 우리에게 죄지은 자를 사하여 준 것같이

우리 죄를 사하여 주시옵고

우리를 시험에 들게 하지 마시옵고

다만 악에서 구하시옵소서.

나라와 권세와 영광이 아버지께 영원히 있사옵나이다.

아멘.

주기도문의 구조

구 분	절	내 용	기도 방법
첫째 간구	9	기도의 대상과 부름	**하나님에 대한 기도** 1. 우리를 책임지시는 아버지 2. 하나님의 거룩한 이름 3. 하나님의 나라가 임함
둘째 간구	10-13	기도의 내용	**하나님의 뜻을 이루는 기도 인간에 대한 기도** 1. 육적인 기도 - 일용할 양식 2. 영적인 기도 - 죄의 용서와 　　　　　　　　시험과 악
셋째 간구	13	찬양	**하나님의 나라와 영광에 대한 기도**

주기도문을 나의 기도로 삼기

▶ **첫 번째 간구** : "하늘에 계신 우리 아버지여!"

세상을 창조하신 하늘에 계신
하나님의 이름을 찬양합니다.
지금도 높은 곳에 계셔서 이 땅을 살펴보시고
우리의 모든 것을 알고 계신
전능하신 하나님을 높여드립니다.
하늘에서 보실 때 우리의 모습은
얼마나 하찮고 보잘것없을까요?
그런 나를 지금도 사랑하심을 감사드립니다.
높은 보좌에 계시지만 친근하게 다가오셔서
나를 하나님의 자녀로 삼으시고
우리가 하나님을 아버지라 부르게 하심을 감사합니다.
나의 모든 것을 책임지고 인도하시는
아버지와 같은 하나님이
나와 함께하신 것을 생각하면 감사할 뿐입니다
오늘도 이름을 불러봅니다.
하늘에 계신 우리 아버지여!

▶ **두 번째 간구** : "이름이 거룩히 여김을 받으시오며."

하나님의 이름이 높이 들려지기를 기도합니다.

하나님 아버지는 인간과는 구별된 거룩하신 분입니다.

우리는 흠 많고 부족하지만

우리 주님은 죄 없고 거룩하신 분입니다.

오직 주님의 이름만 드러내는

하나님의 자녀가 되게 하소서.

하나님의 이름을 나의 이름보다

더 우선순위로 생각하며 살게 하소서.

▶ **세 번째 간구** : "나라가 임하옵시며."

하나님께 기도합니다.

하나님 나라가 이 땅에 충만히 임하게 하소서.

하나님 나라가 이미 주님을 믿는 자에게

임한 것을 믿습니다.

내 안에 있는 하나님 나라를 경험하게 하시고

아직도 하나님 나라를

마음으로 받아들이지 못한 이웃에게

하나님 나라를 전하게 하소서.

하나님 나라는 평강과 희락과
의가 넘치는 곳입니다.
기도하기는 내 안에 그런 나라가 임하게 하소서.
가정과 교회 안에
하나님 나라가 가득하게 하소서.

▶ **네 번째 간구** : "뜻이 하늘에서 이루어진 것같이
땅에서도 이루어지이다."

이 땅에 아버지의 뜻을 이루기 위해 오신
예수님을 찬양합니다.
우리가 사는 세상은 하나님의 뜻보다
인간의 생각과 뜻이 더 힘을 얻고 있습니다.
모두 자기 생각으로 행동하고
남을 판단하는 경우가 많습니다.
하나님, 원하기는 저에게 모든 것을
하나님의 뜻을 찾아 그대로 순종하게 하소서.
무엇이 하나님의 뜻인지,
그것이 나의 삶 속에서 이루어지게 하소서.
나를 버리고 하나님의 뜻에 순종하는 마음을 주소서.

▶ **다섯 번째 간구** : "오늘 우리에게 일용할 양식을 주시옵고."

주여, 오늘도 하루를 살게 하심을 감사드립니다.
필요한 하루 양식을 주시고
음식을 통해 삶이 지치지 않게 하소서.
기도하기는 필요한 양식으로 채워주시고
물질의 욕망에서 벗어나게 하시며
하루의 삶에 자족하는 사람이 되게 하소서.
내일 일은 내일 하나님이 주시는 시간 속에서
최선을 다하게 하소서.
일용할 양식이 없는 사람에게 자비를 베풀고
그들에게 나누어주는 삶을 살게 하소서.

▶ **여섯 번째 간구** : "우리가 우리에게 죄지은 자를 사하여 준 것같이
우리 죄를 사하여 주시옵고."

자비로우신 주님!
하나님과 멀어진 우리를 십자가에 죽으심으로써
하나님과 인간 사이를 다시 맺어주신
예수님께 감사와 찬양을 드립니다.
먼저 찾아오셔서 인간 스스로 해결할 수 없는 죄를

예수님이 친히 담당하시고 용서하신
십자가의 사랑을 감사드립니다.

주님, 원하기는 죄지은 우리를 용서하시는
주님의 능력을 우리에게 부어주심으로써
우리도 이웃을 용서하게 하옵소서.

나의 힘으로는 안 되지만
주님이 용서를 이루심으로써
나도 주님처럼 용서할 힘이 있음을 믿습니다.
이웃의 죄를 정죄하지 말고 용서하게 하소서.

▶ <u>일곱 번째 간구</u> : "우리를 시험에 들게 하지 마시옵고."

은혜의 주님!
세상을 살다 보면 시험에 들 일이 많습니다.
그때마다 시험을 잘 이기게 하시옵소서.
하나님은 사랑하는 자녀에게
감당하지 못할 시험을 주시지 않음을 믿습니다.
또한 이기지 못할 때는 피할 길을 주실 줄 믿습니다.
믿음으로 시험을 잘 감당하고 인내하게 하소서.

▶ **여덟 번째 간구** : "다만 악에서 구하시옵소서."

주님! 모든 인간은 죄인입니다.
그런 이유로 세상에는 죄가 가득합니다.
우리는 매일 죄 속에서 살아갑니다.
그 속에서 죄에 빠지지 않으려면
주님을 의지하는 길밖에 다른 길이 없습니다.
우리의 육신은 죄의 속성이 있기에
죄의 미혹에 빠지기 쉽습니다.

주님, 원하오니 날마다 주를 의지함으로써
죄를 이기게 하소서.
내가 기도할 때 즉시 나를 구원해주실 분은
오직 주님밖에 없습니다.
늘 주님을 의지하게 하시고
세상의 악에서 저를 건져주소서.

▶ **아홉 번째 간구** : "나라와 권세와 영광이 아버지께
영원히 있사옵나이다."

하나님의 위대하신 이름을 찬양합니다.

모든 것이 하나님에게서 온 것임을 믿습니다.

그리고 모든 것이 다 하나님에게로 돌아감을 믿습니다.

하나님이 없으면 결국 아무것도 없습니다.

모든 것은 오직 하나님이 있을 때만 의미가 있습니다.

이제부터 모든 것을 주님의 영광을 위해 살게 하소서.

하나님 나라와 영광을 위해 존재하게 하소서.

영원한 나라를 소망하며 살게 하소서.

▶ **열 번째 간구** : "아멘."

하나님의 신실하심을 믿습니다.

모든 것을 믿고 바라게 하소서.

하나님의 말씀에 순종하며 아멘으로 받아들이게 하소서.

모든 것이 그렇게 이루어질 줄 믿는

아멘 신앙으로 체득되게 하소서.

하나님의 말씀은 능하지 못함을 아멘으로 신앙하게 하소서.

아멘으로 인생을 바치게 하소서.

성경의 말씀을 읽고 대할 때 아멘으로 받아들이게 하시고

말씀을 이루는 응답이 되게 하소서.

십계명으로 기도하기

십계명은 성경의 요약이다. 십계명은 크게 두 부분으로 구성되었다. 하나님을 사랑하고 이웃을 사랑하는 내용이다. 사랑은 법을 지킬 때만이 진정한 사랑이 된다. 사랑은 나의 방식이 아닌 상대방의 방식으로 하는 것이다. 물론 쉽지 않다. 그러나 최선의 노력으로 상대방을 사랑하게 된다. 하나님을 사랑하는 방법도 마찬가지다. 나의 방법으로 하나님을 사랑하는 것은 진정한 사랑이 아니다. 하나님이 정해주신 법을 지키면서 하나님을 사랑하는 것이 가장 좋은 방법이다. 물론 법을 지키면서 형식보다 그 중심을 사랑하는 일이 더 중요하다. 우리는 십계명을 지키면서 하나님을 점점 더 사랑하게 된다. 십계명으로 기도하면서 하나님을 사랑하는 훈련을 하게 된다. 이런 점에서 십계명으로 기도하는 것은 기도훈련에 아주 유익한 방법의 하나다.

십계명은 성경에 나오는 613개의 계명을 요약한 것이다. 처음 네 개명이 하나님과 인간의 관계를 다룬 내용이라면 나머지 여섯 계명은 인간과 인간과의 관계를 다루고 있다. 십계명은 출애굽기 20장 1~17절과 신명기 5장 6~21절에 기록되어 있다. 다음에 인용한 십계명의 말씀을 읽고, 그것에 따라 기도하면 된다. 십계명은 하나님이 주신 우리 삶의 규칙이므로 이것으로 기도하면 기도가 명료해지고 핵심적인 기도를 할 수 있다. 십계명으로 기도하기는 하루에 하나씩 선택해서 기도할 수 있다. 이것을 한 번이 아니라 반복해서 기도하면 아주 좋은 기도훈련의 교재가 된다.

▶ **제1계명** : "나 외에는 다른 신들을 네게 두지 말지니라."

아버지 되신 하나님!
오직 하나님 한 분만 섬기게 하소서.
나를 만드신 분 이외의 것에 우선순위를 두지 말게 하소서.
물질과 사람을 하나님보다
우선에 두는 죄를 범하지 말게 하소서.

▶ **제2계명** : "너는 자기를 위하여 새긴 우상을 만들지 말고 위로 하늘에 있는 것이나 아래로 땅에 있는 것이나 땅 밑 물속에 있는 것의 어떤 형상도 만들지 말며 그것들에게 절하지 말며 그것들을 섬기지 말라. 나 네 하나님 여호와는 질투하는 하나님인즉 나를 미워하는 자의 죄를 갚되 아버지로부터 아들에게로 삼사 대까지 이르게 하거니와 나를 사랑하고 내 계명을 지키는 자에게는 천 대까지 은혜를 베푸느니라."

천지를 만드신 하나님!

하나님을 사랑하되 물질로 하나님을 대신하지 않게 하소서.

하나님을 위한다고

형상을 눈으로 볼 수 있게 하지 말게 하소서.

하나님을 어떤 것으로도 만들 수 없음을 믿습니다.

하나님은 영이시기에 눈으로 보이지 않습니다.

마음과 영으로 하나님을 바라보게 하소서.

▶ **제3계명** : "너는 네 하나님 여호와의 이름을 망령되이 일컫지 말라. 나 여호와는 내 이름을 망령되이 일컫는 자를 죄 없는 줄로 인정하지 아니하리라."

거룩하신 하나님!

하나님의 이름을 함부로 사용하지 말게 하소서.

하나님의 이름을 사용하여 증명의 도구로 삼지 말게 하소서.

하나님은 누구에게도 이용되거나 도구가 될 수 없습니다.

하나님의 이름을 존경하고 더럽히지 않게 하소서.

▶ **제4계명** : "안식일을 지켜 거룩하게 하라."

평화의 하나님!

일주일 중에 하루를 안식일로 주신 것을

잘 지켜 행하게 하소서.

모든 날은 하나님이 주신 날입니다.

하루의 휴식을 하나님 안에서 누리게 하시고

일하지 않고 쉼을 가지며

하나님을 생각하는 안식일을 갖게 하소서.

안식일을 지키고

그날에 하나님을 기억하며 생각하는 곳에

복이 있는 줄 믿습니다.

▶ **제5계명** : "네 부모를 공경하라. 그리하면 네 하나님 여호와가 네게
　　　　　　　　준 땅에서 네 생명이 길고 복을 누리리라."

자비로우신 하나님!

나를 낳아주신 부모님을

잘 공경하고 존대하게 하소서.

그렇게 하면 이 땅에서 잘되고

생명이 길 것이라 했습니다.

부모 공경은 하나님의 질서에 순종하는 것이고

이웃을 사랑하는 첫 번째 일입니다.

모든 축복은 부모를 존중하는 데서

오는 것임을 믿게 하소서.

▶ **제6계명** : "살인하지 말지니라."

사랑의 하나님!
내 이웃을 사랑하고 아끼게 하소서.
다른 사람을 미움으로
죽이는 일이 생기지 않게 하소서.
이웃을 시기하는 마음을 제거하시고
내 몸처럼 사랑하게 하소서.
생명은 하나님에게 속한 것임을 알게 하시고
생명을 존중하게 하고
모든 것을 하나님에게 맡기게 하소서.

▶ **제7계명** : "간음하지 말지니라."

거룩하신 하나님!
나에게 주신 배우자만을 사랑하고
배우자 이외에 다른 사람과 성적 관계를 갖지 않게 하소서.
돕는 배필로 주신 배우자를 사랑하고 아끼게 하소서.
하나님이 주신 성을 소중하게 여기고
이 성을 존중하게 하소서.

▶ **제8계명** : "도둑질하지 말지니라."

만유의 주님!
세상을 창조하고 섭리하시는 하나님을 찬양합니다.
내 것이 아닌 것에, 다른 물건이나 소유물에
손을 대지 말게 하소서.
이웃 사랑의 방법은 다른 사람의 것을
소중하게 여기는 것임을 알게 하시고
나의 처지가 아닌
상대방의 처지에서 행동하게 하소서.

▶ **제9계명** : "네 이웃에 대하여 거짓 증거하지 말지니라."

사랑의 주님!
이웃을 진실로 대하게 하시고
혹시라도 나의 유익을 위해 거짓 증거하며
이웃을 힘들게 하지 않게 하소서.
이웃이 바로 나 자신임을 알게 하시고
내 몸처럼 이웃을 사랑하게 하소서.
나의 유익을 위하여 이웃을 해하거나
거짓으로 손해를 입히지 않게 하소서.

▶ **제10계명** : "네 이웃의 아내를 탐내지 말지니라. 네 이웃의 집이나
그의 밭이나 그의 남종이나 그의 여종이나 그의 소나
그의 나귀나 네 이웃의 모든 소유를 탐내지 말지니라."

만복의 근원이신 주님!
모든 복은 주님에게서 오는 것임을 믿습니다.
다른 사람의 것을 탐내는 욕심을 제거해주시고
가진 것으로 자족하는 마음을 주시옵소서.
주님을 믿는 자는 모든 것을 가진 자임을 알게 하소서.

시편으로 기도하기

초대교회 성도들은 어떻게 기도했을까? 초대교회가 주로 사용한 기도문은 시편이었다. 시편은 하나님의 말씀이면서 사람들의 기도이다. 그렇기에 말씀과 기도가 하나임을 잘 알려주는 것이 시편이다. 시편은 예수님의 기도서다. 예수님이 가장 많이 인용한 기도 내용이 시편이다. 시편의 기도는 모든 기도 중에 위대한 기도이다. 시편은 많은 기도문이 들어 있다. 시편은 그 자체가 기도이기에 시편을 가지고 기도훈련을 하면 가장 좋은 기도를 할 수 있다.

기도의 실제 지침서를 찾고 싶으면 시편을 보라. 시편을 활용하면 기도훈련은 저절로 하게 된다. 시편은 말씀과 하나 되는 기도로는 최적이다. 자기의 요구를 나열하는 식의 기도를 벗어날 수 있는 가장 좋은 방법은 시편으로 기도훈련을 하는 것이다. 시편에 들어가 시편의 기도를 체득하면 가장 강력한 기도를 경험할 수 있다.

시편으로 드리는 기도의 실례로 두 가지를 예시했다. 하나는 시편 자체로 드리는 기도문이고, 다른 하나는 시편 말씀을 토대로 기도하는 기도문이다. 두 가지를 참조해서 시편을 읽으며 기도하면 올바른 기도의 세계를 경험할 수 있을 것이다.

▶ 시편 자체로 기도하기

하나님이여
나의 부르짖음을 들으시며
내 기도에 유의하소서.
(시편 61:1)

나의 영혼이 잠잠히 하나님만 바람이여
나의 구원이 그에게서 나오는도다.
오직 그만이 나의 반석이시요 나의 구원이시요
나의 요새이시니 내가 크게 흔들리지 아니하리로다.
(시편 62:1-2)

나의 구원과 영광이 하나님께 있음이여
내 힘의 반석과 피난처도 하나님께 있도다.
백성들아 시시로 그를 의지하고
그의 앞에 마음을 토하라.
하나님은 우리의 피난처시로다(셀라).
(시 62:7-8)

그 영화로운 이름을 영원히 찬송할지어다.

온 땅에 그의 영광이 충만할지어다.

아멘. 아멘.

(시편 72:19)

▶ 시편을 읽고 시편에 따라 기도하기

"날마다 우리 짐을 지시는 주 곧 우리의 구원이신 하나님을 찬송
할지로다(셀라)"(시 68:19).

구원의 하나님!

오늘도 일상에서 함께하시는

하나님을 찬양합니다.

하루가 지치지 않게 하시고

어려운 가운데서도 지혜를 주셔서

이기게 하심을 감사드립니다.

고난 중에서 오히려 하나님의 뜻을 알아

나의 욕심에서 벗어나게 하시고

오직 하나님의 뜻에 순종하게 하소서.

성경 기도문으로 기도하기

성경에는 많은 기도문이 소개되고 있다. 성경의 인물들이 실제로 기도했던 내용들이다. 성경에 나오는 기도문은 그 자체로 좋은 모델이 된다. 성경에 나오는 기도문을 가지고 기도하면 더욱 쉽게 기도훈련을 할 수 있다. 기도는 하나님과의 대화이다. 그렇기에 기도로써 하나님과 대화했던 선조들의 기도문을 가지고 기도하는 것은 좋은 기도 방법의 하나다.

여기에 몇 편의 기도문을 소개한다. 기도문을 따라 읽으면 그 자체가 기도가 된다. 기도를 어려워하는 초신자는 처음에는 성경에 나오는 기도문을 가지고 매일 기도하는 것이 좋다. 계속 반복하다 보면 나의 언어로 상황에 맞게 기도하는 유익을 누릴 수 있을 것이다.

▶ 예시 1. 다윗의 기도

주 여호와여,
나는 누구이오며 내 집은 무엇이기에
나를 여기까지 이르게 하셨나이까.

주 여호와여,
주께서 이것을 오히려 적게 여기시고

또 종의 집에 있을 먼 장래의 일까지도 말씀하셨나이다.

주 여호와여,
이것이 사람의 법이니이다.
주 여호와는 주의 종을 아시오니
다윗이 다시 주께 무슨 말씀을 하오리이까.
주의 말씀으로 말미암아
주의 뜻대로 이 모든 큰일을 행하사
주의 종에게 알게 하셨나이다.

그런즉 주 여호와여,
이러므로 주는 위대하시니
이는 우리 귀로 들은 대로는 주와 같은 이가 없고
주 외에는 신이 없음이니이다.
땅의 어느 한 나라가
주의 백성 이스라엘과 같으리이까.

하나님이 가서 구속하사 자기 백성으로 삼아
주의 명성을 내시며 그들을 위하여 큰일을,
주의 땅을 위하여 두려운 일을 애굽과 많은 나라들과
그의 신들에게서 구속하신 백성 앞에서 행하셨사오며

주께서 주의 백성 이스라엘을 세우사

영원히 주의 백성으로 삼으셨사오니

여호와여 주께서 그들의 하나님이 되셨나이다.

여호와 하나님이여,

이제 주의 종과 종의 집에 대하여 말씀하신 것을

영원히 세우셨사오며 말씀하신 대로 행하사

사람이 영원히 주의 이름을 크게 높여 이르기를

만군의 여호와는 이스라엘의 하나님이라 하게 하옵시며

주의 종 다윗의 집이 주 앞에 견고하게 하옵소서.

만군의 여호와 이스라엘의 하나님이여

주의 종의 귀를 여시고 이르시기를

내가 너를 위하여 집을 세우리라 하셨으므로

주의 종이 이 기도로 주께 간구할 마음이 생겼나이다.

주 여호와여,

오직 주는 하나님이시며

주의 말씀들이 참 되시니이다.

주께서 이 좋은 것을 주의 종에게 말씀하셨사오니

이제 청하건대 종의 집에 복을 주사

주 앞에 영원히 있게 하옵소서.

주 여호와께서 말씀하셨사오니

주의 종의 집이 영원히 복을 받게 하옵소서.

(사무엘하 7:18-29)

▶ 예시 2. 아굴의 기도

내가 두 가지 일을 주께 구하였사오니

내가 죽기 전에 내게 거절하지 마시옵소서.

곧 헛된 것과 거짓말을 내게서 멀리하옵시며

나를 가난하게도 마옵시고 부하게도 마옵시고

오직 필요한 양식으로 나를 먹이시옵소서.

혹 내가 배불러서 하나님을 모른다

여호와가 누구냐 할까 하오며

혹 내가 가난하여 도둑질하고

내 하나님의 이름을 욕되게 할까

두려워함이니이다.

(잠언 30:7-9)

▶ 참고. 성경 속에 있는 기도문

- 아브라함, 롯의 구원을 간구함 (창세기 18:23)

- 엘리에셀, 이삭의 신부를 구함 (창세기 24:12)

- 이삭, 자녀를 구하는 기도 (창세기 25:21)

- 이삭, 축복 기도 (창세기 27:28)

- 야곱, 밤을 새우는 기도 (창세기 32:1-29)

- 야곱, 축복을 구하는 기도 (창세기 32:24)

- 모세, 물을 구하는 기도 (출애굽기 15:24-25)

- 모세, 백성을 위한 기도 (출애굽기 32:32)

- 삼손, 구원을 구하는 기도 (사사기 16:28)

- 한나, 아들을 구한 기도 (사무엘상 1:11)

- 사무엘, 백성을 위한 기도 (사무엘상 7:9)

- 솔로몬, 지혜를 위한 기도 (열왕기상 3:9)

- 솔로몬, 성전 봉헌 기도 (열왕기상 8:22-53)

- 엘리사, 승리를 간구함 (열왕기하 6:17-23)

- 히스기야, 승리를 간구함 (열왕기하 9:15-19)

- 히스기야, 건강을 간구함 (열왕기하 20:1-11)

- 야베스, 번영을 위한 간구 (역대상 4:10)

- 여호사밧, 전쟁 승리를 위한 기도 (역대하 18:31)

- 유대인들, 귀환을 위한 기도 (에스라 8:21-23)

- 에스라, 백성을 위한 기도 (에스라 9:6-15)

- 느헤미야, 백성을 위한 기도 (느헤미야 1:4-11)

- 다윗, 공의를 간구함 (시편 9:19-20)

- 다윗, 긍휼을 구하는 기도 (시편 25:16)

- 에스겔, 성결을 위한 기도 (에스겔 4:12-15)

- 다니엘, 지혜를 위한 기도 (다니엘 2:17-18)

- 다니엘, 동족을 위한 기도 (다니엘 9:3-19)

- 백부장, 하인을 위한 기도 (마태복음 8:5-6)

- 세리, 긍휼을 구하는 기도 (누가복음 18:13)

- 예수님, 교회를 위한 기도 (요한복음 17:1-26)

- 교회, 베드로 출옥을 위한 기도 (사도행전 12:5-12)

- 바울, 성도를 위한 기도 (사도행전 28:8)

- 고린도교인, 바울을 위한 기도 (고린도후서 1:9-11)

- 바울, 은혜를 구하는 기도 (고린도후서 12:8)

- 바울, 성도를 위한 기도 (에베소서 3:14-21)

짧은 성경 구절로 묵상 기도하기

성경에 나오는 짧은 구절을 묵상으로 대화하며 기도할 수 있다. 성경 말씀은 비록 한 구절일지라도 그 힘이 세다. 주님의 말씀 한마디의 위력은 놀랍다. 그것으로 치유가 일어났고 바람이 잔잔해졌다. 어떻게 가능했을까? 그것은 말씀 자체의 능력 때문이다. 하나님의 말씀은 단어 이상의 깊은 뜻이 담겨 있다. 말씀을 묵상하고, 그 말씀을 가지고 기도하면 깊은 기도에 들어갈 수 있다.

위대한 사람들의 명언은 짧다. 하지만 그 한마디 속에는 인생의 큰 의미가 담겨 있다. 삶이 압축되어 있다. 마찬가지로 말씀의 한 구절을 가지고 기도할 때 놀라운 기도의 능력을 체험할 수 있다. 기도의 능력이 나타나려면 말씀에 대한 깊은 묵상이 필요하다. 생각 없이 말을 하려고 하면 말하는 게 힘들다. 이것은 기도에도 그대로 적용된다. 생각하면서 기도하면 기도가 깊어지고 오랫동안 기도할 수 있다. 짧은 말씀 한 구절을 가지고 묵상한 후 기도하는 방법을 일상에서 훈련하다 보면 중언부언하는 주문식 기도가 아니라 인격적으로 생각하는 기도를 할 수 있게 된다.

▶ 짧은 말씀 : "이를 행하라. 그러면 살리라"(눅 10:28).

● 말씀 묵상

1. 우리 주위를 보면 좋은 말을 하는 사람들은 많으나 그것을 실천하는 사람들은 적다. 좋은 말을 지식적으로 많이 안다고 해서 그것이 곧 나의 모습은 아니다. 실천하기까지 그것은 나의 것이 될 수 없다. 말보다 삶으로 실천하는 게 어렵다. 흔히 "아는 것이 힘이다"라고 하지만 그것은 자칫 지식으로 머물 수 있다. 아는 것만으로는 진정한 힘이 될 수 없다. 힘은 알고 있는 것을 실천할 때 생긴다. 헬라인은 알고 행하는 것을 이분법적으로 이해했다. 하지만 히브리인은 알고 행하는 것을 하나로 생각했다.

2. 이 구절은 예수님에게 찾아온 율법교사와의 대화에서 나온 말씀이다. 한 율법교사가 예수님을 찾아와 시험하려는 의도로 말했다. "선생님, 내가 무엇을 하여야 영생을 얻겠습니까?" 그러자 예수님은 율법책에 무엇이라 기록되었으며, 너는 어떻게 이해하고 있는지를 물었다. 그때 율법교사는 "'네 마음을 다하며 목숨을 다하며 힘을 다하며 뜻을 다하여 주 너의 하나님을 사랑하고 또한 네 이웃을 네 자신같이 사랑하라 하였나이다' 하였습니다"라고 대답했다. 그러자 예수님이 말씀하셨다. "네

대답이 옳도다. 이를 행하라. 그러면 살리라." 사랑하면 행동한다. 그것이 사랑의 힘이다.

3. 본문은 잘 알고 있지만 실천하지 못하고, 오히려 예수님을 시험하려고 온 율법교사의 잘못된 행동을 지적한 내용이다. 오늘날에도 이 율법교사와 같은 사람들이 있다. 알기는 많이 알지만 그대로 사는 사람은 매우 드물다. 오늘날 교육의 문제는 많이 배우지 못한 데 있기보다 배운 대로 살지 않는 데 있다. 일류대학을 나와도 삶은 전혀 다를 수가 있다. 오히려 많이 배울수록 문제가 더 많을 수도 있다. 부패와 거짓에 쉽게 타협하며 알고 있는 진실을 실천하지 못하는 사람들이 얼마나 많은가? 모두 배운 대로 실천하지 못한 데서 생긴 문제이다.

4. 사회를 이끄는 진정한 리더는 아는 만큼 행동한다. 왜 그렇게 배우고 공부를 열심히 하는가? 그것은 배운 대로 실천하기 위함이다. 인생은 행하면서 지혜롭게 된다. 진리를 제대로 배우고 깨달으면 그대로 행하게 된다. 진리 자체가 힘을 주며, 그 힘이 진리를 행하게 한다.

● 말씀 기도

주님, 말씀을 듣기만 하지 말고
행하는 사람이 되게 하소서.

깊은 깨달음을 얻게 하시고
그 속에서 주님의 마음을 알게 하소서.
말씀 속에 담긴 깊은 의미를 알아
주님의 생각과 하나 된 기도를 하게 하소서.

주님, 왜 실천이 안 될까요?
어떻게 하면 말씀을 실천할 수 있을까요?
주님을 깊게 알지 못하다 보니
내 뜻대로 행하는 것이 아닌지요?
말씀을 잘 수용하게 하시고
그 말씀으로 내가 죽는 경험을 하게 하소서.
자신이 죽은 만큼 진리를 실천할 수 있다는
사실을 받아들이게 하소서.

기도는 내가 죽는 과정임을 알게 하시고
내가 죽고 내 안에 예수님이 살아나게 하소서.
아는 것을 알고만 있으면
아는 것이 아닌 죽은 지식이 됩니다.
맞습니다.
주님의 말씀을 내 것으로 소화하면
그 말씀이 내 삶이 되는 줄 믿습니다.

주님, 아는 데서 멈추지 말고
아는 것을 즉시 실천할 때
생명이 주어짐을 알게 하시고
듣고 깨달은 말씀을 실천하는 능력을 주옵소서.
그리하여 주의 말씀을 드러내는 삶이 되게 하소서.

말씀으로 치유 기도하기

사람이 살다 보면 육신이 약해져서 아프거나 병들 때가 많다. 우리 주위에도 환자가 많다. 마음과 육신의 병까지 생각하면 치유기도는 사람들의 기도 중에 많은 부분을 차지한다. 아픈 사람은 매 순간 치유기도에 많은 시간을 할애한다. 치유는 하나님이 하시는 일이다. 인간이 노력할 부분도 있지만 인간의 힘으로 안 되는 경우는 기도를 통해 해결 받아야 한다.

이때 우리는 치유를 위해서 기도하게 되는데, 어떻게 하면 하나님의 뜻에 합당한 치유기도를 할 수 있을까? 좋은 방법은 말씀을 통한 치유기도를 드리는 것이다. 말씀 자체에 능력이 있다. 말씀을 믿고 기도하면 생명이신 하나님의 말씀이 역사하여 우리의 아픈 병을 고쳐주신다. 자신을 위해 기도할 때든지 다른 사람을 위한 기도든지 간에 이 치유기도는 우리의 삶에 직접 적용되는 기도이다. 여기서 우리가 올바로 믿어야 할 점은 치유의 능력은 기도 자체에 있다기보다 믿음에 달려 있다는 사실이다. 얼마나 말씀을 믿고 기도하느냐에 따라 하나님의 역사가 일어난다는 사실이다.

우리는 모두 아픈 상처를 갖고 있다. 알고 보면 몸과 마음의 치유가 필요하다. 왜 그럴까? 그것은 죄 때문이다. 죄를 지은 인간은 모두 병든 사람들이다. 그리고 치유가 필요한 존재들이다. 이것을 온전히 치유할 방법은 오직 말씀뿐이다. 말씀을 떠남으로써 죄가 들어 왔기에 그 죄를 해결할 방법은 오직 말씀으로 다시 돌아가는 길밖에 없다.

말씀 자체가 능력이다. 말씀은 우리의 마음과 혼과 골과 골수를 쪼개는 능력이 있다. 어그러진 우리의 영혼을 재창조할 수 있고, 죽어가는 육체를 살릴 수 있다. 말씀이 함께하면 능하지 못 할 일이 없다. 말씀대로 이루어질 줄 믿고 집중하여 기도하면 치유의 역사가 일어난다. 치유는 몸과 마음과 영혼이 전인적으로 이루어져야 한다. 어느 하나에 치우치지 않고 유기적으로 전인 치유가 일어나도록 기도하는 것이 중요하다.

▶ 말씀 치유 기도법

1. 병든 자신의 마음과 몸에 손을 대고 하나님의 은혜가 임하기를 소원하면서 매일 지속해서 기도한다.
2. 3 · 3 · 3 방법으로 기도한다.
   - 제시된 말씀을 소리 내어 세 번 읽고 말씀을 묵상한다.
   - 제시된 말씀 기도문을 소리 내어 세 번 반복해 읽으면서 간절한 마음으로 기도한다.
   - 매일 지속해서 기도하되, 매일 3번(아침, 점심, 저녁) 반복해서 기도한다.
3. 하나님이 "빛이 있으라"고 말씀하실 때 그대로 된 것처럼 소

리 내어 읽으며 선포할 때 말씀의 능력이 나타난다.

4. 성경은 본래 미크라(읽으면서 말씀을 선포하는 것)다. 즉 성경은 소리 내어 읽는 책이다. 명사가 아닌 동사다. 소리 내어 말씀을 읽고, 소리 내어 기도하면 더 집중할 수 있다. 그럴 때 마음과 온몸에 말씀이 임함으로써 치유의 역사가 일어난다.

5. 말씀을 읽고 기도할 때는 사랑의 마음을 가지고 해야 한다. 하나님의 치유가 임하기 위해서는 내가 먼저 하나님을 사랑하고 이웃을 사랑하는 마음으로 변화가 일어나야 한다. 사랑보다 더 큰 치료약은 없다. 사랑이 마음에 충만할 때 치유의 역사가 힘 있게 일어난다.

6. 말씀과 기도가 분리되지 않고 하나 되는 기도가 될 때 하나님의 치유 능력이 더 크게 임하게 된다.

▶ 말씀 치유기도 예 1

● 소리 내어 말씀 읽기

내 아들아 내 말에 주의하며
내가 말하는 것에 네 귀를 기울이라.
그것을 네 눈에서 떠나게 하지 말며
네 마음속에 지키라.

그것은 얻는 자에게 생명이 되며
그의 온 육체의 건강이 됨이니라. (잠언 4:20-22)

● <u>소리 내어 기도하기</u>

말씀으로 다가오시는 주님,
주님의 사랑을 찬양합니다.
주님의 자비를 구하며 간절히 기도드립니다.

주님의 능력은 말씀을 통해서 이루어짐을 믿습니다.
치유하심도 말씀에 순종할 때 이루어짐을 믿습니다.

세상을 말씀으로 만드신 주님,
저에게도 찾아오셔서
마음과 몸을 건강하게 회복시켜주소서.
저에게 주의 말씀을 믿고
그 말씀을 아멘으로 순종하고
말씀대로 살게 힘을 주소서.

말씀을 듣되 마음으로 듣게 하소서.
이것을 위해 먼저 말씀을 들을 귀를 주소서.

무딘 귀를 성령으로 할례시켜주셔서
나에게 필요한 말씀만 골라 듣지 말고
모든 말씀에 아멘으로 응답하게 하소서.

닫힌 저의 눈을 열어 기이한 것을 보게 하소서.
보이는 것만 보는 눈이 되지 말고
저 너머 영적인 하늘나라까지 보는 눈을 주소서.

들어도 듣지 못하는 영적 청각장애를 치료해주시고
보아도 보지 못하는 영적 시각장애를 고쳐주소서.

말씀을 매 순간 저의 눈에서 떠나지 말게 하시고
매 순간 저의 귀에서 맴돌게 하소서.
눈과 귀를 통해 말씀을 주시면
상한 마음과 병든 몸에 생명의 역사가 일어나게 하소서.

오소서.
주님의 생명 말씀이 오셔서
저의 마음과 몸에 생기를 충만하게 부어주소서.

능력이 충만하신 주님,

말씀으로 저에게 찾아오소서.

그리하여 나에게 생명을 불어넣어 주시고

나의 병든 몸을 치료하여주소서.

말씀이 임하면 병든 마음과 몸이 건강해질 줄 믿습니다.

"딸아 네 믿음이 너를 구원하였으니 평안히 가라.

네 병에서 놓여 건강할지어다"(막 5:34).

말씀으로 다가오신 주님의 음성을 오늘 저에게 들려주시고

제가 아멘으로 순종하여 말씀의 치유가 일어나게 하소서.

예수님을 경배하며, 예수님의 이름으로 기도합니다. 아멘.

▶ 말씀 치유기도 예 2

● 소리 내어 말씀 읽기

너희가 너희 하나님 나 여호와의 말을 들어 순종하고

내가 보기에 의를 행하며 내 계명에 귀를 기울이며

내 모든 규례를 지키면 내가 애굽 사람에게 내린

모든 질병 중 하나도 너희에게 내리지 아니하리니

나는 너희를 치료하는 여호와임이라.

(출애굽기 15:26)

● 소리 내어 기도하기

치료의 주님,
주님의 이름을 찬양합니다.

간절히 기도드립니다.
마음과 정성을 다하여
먼저 주님의 말씀을 경청하게 하소서.
그리하여 마음의 건강을 주옵소서.

저의 마음이 세상의 소리를 듣지 말게 하시고
인간의 소리에 미혹되지 않게 하소서.
"오직 주의 말씀을 듣겠습니다" 하며 말씀을 순전히 듣고
아멘으로 받아들이는 정직한 마음을 주소서.

받은 말씀으로 마음과 육신의 병을 고쳐주소서.
사람에게 받은 상처와 시험을 물리쳐주시고
주의 말씀으로 먼저 마음의 치료를 허락해주소서.
주의 말씀에 귀를 기울이되
듣기만 하고 행하지 않는
어리석은 사람이 되지 않게 하소서.

오, 주님!
들은 말씀을 마음에 새겨
삶에 실천하는 지혜를 주소서.

말씀의 능력이 임하여
저에게(○○에게) 있는 육신의 병이 떠나게 하소서.
세상에 있는 몸의 질병이 침입하지 않게 도와주소서.
여러 가지 좋지 못한 환경을 제거해주소서.
치료자 하나님을 몸으로 직접 경험하게 하소서.
끝까지 최선을 다해 주의 이름을 드러내며
몸으로 하나님의 영광을 드러내는 도구가 되게 하소서.
육신을 위한 몸이 되지 말고
복음을 전하기 위한 건강한 몸으로 회복시켜주소서.

불가능 없이 치료하시는 주님의 능력을 믿습니다.
말씀을 통한 치료의 능력이 마음과 몸에 함께 임하여
온전하게 되는 치유의 은혜를 주옵소서.
예수님을 찬양하며, 예수님의 이름으로 기도합니다. 아멘.

문제 해결을 말씀 기도로 하기

우리의 삶은 문제의 연속이다. 문제가 없는 사람은 없다. 인생을 살다 보면 위기 상황에 부닥칠 때가 있다. 나의 힘으로 해결이 안 될 때 우리는 말씀과 기도로 해결해야 하는데, 이것 또한 만만치 않다. 왜냐하면 적절한 말씀이 생각나지 않고, 기도 또한 어떻게 해야 할지 잘 모르기 때문이다. 이때 필요한 것이 문제 해결을 위한 말씀기도이다.

우리의 기도는 하나님의 말씀에 따라 하는 것이 가장 좋다. 문제가 발생하는 것은 하나님의 기준에서 벗어났기 때문이다. 이것을 해결하기 위해서는 기준에 이르면 된다. 이렇게 하려면 먼저 하나님의 말씀으로 기준점을 찾고, 그것을 이루기에 부족한 나의 부족함과 나의 죄를 회개하며 말씀으로 돌아가는 일이 필요하다. 그것을 이루는 과정이 기도이다. 우리는 기도를 통해 이것을 바르게 연결해야 한다.

우리에게 일어나는 대부분 문제는 무지에서 비롯된 것이 많다. 이스라엘 백성들이 하나님의 심판을 받은 이유는 그들의 죄가 크기 때문이었다. 하나님을 떠나 자기 소견대로 살았기 때문이었다. 왜 그랬을까? 그것은 먼저 하나님을 제대로 알지 못했기 때문이었다. 하나님을 아는 지식이 없어서 생긴 문제였다. 그리고 욕심에 이끌려 마음이 강퍅해져서 하나님을 멀리해서 생긴 문제였다.

이 두 문제를 해결하는 방법은 말씀을 통해 무지를 깨닫고, 기도를 통해 자기를 죽이는 과정이 필요하다. 이 두 가지가 균형 있게 이루어질 때 문제는 해결된다. 은혜가 풍성하신 하나님은 이런 기도에 응답해주시고, 우리의 문제를 해결해주신다.

▶ 주제 : 사람과 좋은 관계를 맺고 싶을 때

● <u>주제별 말씀 읽기</u>

그의 혀로 남을 허물하지 아니하고
그의 이웃에게 악을 행하지 아니하며
그의 이웃을 비방하지 아니하며. (시편 15:3)

둘째는 이것이니 네 이웃을
네 자신과 같이 사랑하라 하신 것이라.
이보다 더 큰 계명이 없느니라. (마가복음 12:31)

그런즉 거짓을 버리고
각각 그 이웃과 더불어 참된 것을 말하라.
이는 우리가 서로 지체가 됨이라. (에베소서 4:25)

● 말씀에 따른 기도하기

우리를 만드신 창조주 하나님을 찬양합니다.

사랑하는 ○○를 축복하시고

하나님의 자녀로 삼아주신 것을 감사합니다.

죄인임에도 하나님이 의롭다고 인정하신

은혜를 알게 하소서.

하나님에게 용서받은 은혜로 하나님의 자녀 된 것을

감사하며 살게 하소서.

이런 은혜로 이웃을 사랑하게 하소서.

주님이 나를 사랑하신 것처럼

이웃을 사랑하고 선을 행하게 하소서.

가족과 친구와 이웃관계가 불편하지 않게 하소서.

이웃에게 거짓된 것을 말하지 말고

참된 것을 전하는 사람이 되게 하소서.

나의 유익보다 이웃의 유익을 구하는

칭찬받는 사람이 되게 하소서.

선으로 악을 갚게 하시고

끝까지 주님의 사랑을 베푸는

사람으로 자라게 하소서.

하나님과 관계가 좋은 사람은
당연히 인간관계도 좋게 됨을 알게 하소서.
어릴 때부터 이웃을 사랑하고 아끼는 마음을 주시고
언제 어디서나 필요한 사람이 되게 하소서.

이웃과 화평을 실천하는 사람이 되게 하시고
예수님이 하나님과 우리를 화해시키신 것처럼
어디서나 사랑으로 중보하는 사람이 되게 하소서.
예수님의 이름으로 기도합니다. 아멘.

명기도문으로 기도하기

　신앙 위인들의 기도문을 참고하면 기도 방법이 보인다. 사실 위대한 기도들의 특징을 보면 모두 말씀과 일치시킨 기도인 것을 알 수 있다. 말씀과 삶이 하나 된 경우이다. 삶이 그랬듯이 그들의 기도 역시 말씀과 기도가 일치되는 것을 볼 수 있다. 믿음의 위인들을 보면 말씀을 실천한 사람들이다. 어떻게 그런 삶을 살았을까? 결국 기도의 역할이 컸다. 말씀을 실천하는 힘은 기도에서 온다. 신앙의 거인들은 기도가 바탕이 되는 삶을 살았다. 이런 점에서 신앙 위인들의 명기도문을 살펴보고, 그 기도문을 기도 방법으로 삼는 것은 우리의 신앙에 큰 유익을 준다.

　명기도문을 모아서 기도집으로 사용해도 좋다. 그런 기도문을 읽는 것만으로도 기도하고 싶은 마음이 생기고, 어떻게 기도해야 하는지 방법이 보인다. 기도는 이론이 아니라 실제이기 때문이다. 좋은 기도모델을 찾아 기도생활에 적용하면 나름대로 기도법을 터득할 수 있다. 위인들의 기도문을 시간 날 때마다 계속 읽다 보면 나도 모르게 기도의 방법이 보이고, 기도의 맥이 잡히게 된다(더 많은 신앙 위인들의 생활 속 명기도문은 특별수록을 참조하라).

"주님은 나의 능력이십니다"

나는 비록 약하나 당신을 뒤따르도록 이끌어 주옵소서.
나의 영혼을 강건하게 하셔서 기꺼이 감당하도록 하소서.
만약 육신이 약하거든 당신의 은혜로 앞장세우소서.
은혜가 당신과 나 사이에, 그리고 내 뒤에 따르게 하소서.

주 예수님, 당신이 아니시면
당신을 위하여 잔인한 죽음을 감당할 수 없나이다.
나에게 두려움이 없는 심장과 올바른 신앙,
요동하지 않는 소망과 완전한 사랑을 주옵소서.
당신을 위해 인내와 기쁨으로 저의 생명을 바치게 하옵소서.

"너희 안에서 행하시는 이는 하나님이시니
자기의 기쁘신 뜻을 위하여
너희에게 소원을 두고 행하게 하시나니"(빌 2:13).
내 안에 계시는 그리스도께서
모든 시험을 이기게 하시는 우리의 능력이십니다.

- 얀 후스 (종교개혁자, 자신의 믿음 때문에 화형대로 끌려가기 전 감옥에서 드렸던 기도)

"나뭇가지"

그렇게도 무섭게 보이는 이 죽음은
영원한 생명을 얻는 데 부족하나이다.

구세주여, 이 나뭇가지를 받으소서.
그것은 썩을 것이나
그것은 다시 영광의 옷을 입고
다시 꽃을 피우게 될 것입니다.

포도나무는 겨울에 죽지만
봄에는 다시 소생하나이다.
잘린 이 생명은
다시 살아나지 않겠나이까?

나의 마음이 주님을 즐거워하며
나의 영혼이 당신의 구원을 기뻐하나이다.

- J. 인테르치소 (420년경에 페르시아에서 일어난 기독교 대규모 박해 때

  사지절단형으로 순교당함)

그리스도인의 기도는 차원이 다르다.
기도의 동력이 내가 아닌 하나님이시다.
말씀이 기도의 출발점이다.
말씀이 나에게 기도하게 한다.
그리스도인의 기도 방법은 인간의 노력이 아니라
하나님이 힘을 주셔서 하는 것이다.

"너희는 알지 못하는 것을 예배하고 우리는 아는 것을 예배하노니 이는 구원이 유대인에게서 남이라. 아버지께 참되게 예배하는 자들은 영과 진리로 예배할 때가 오나니 곧 이때라"(요 4:22-23).

기도 시간을 정복하라

: 다양한 방법으로 기도의 지경을 넓히기

* * * * *

다양한 방법으로 기도하라

하나님과 기도하는 방법은 다양하다. 하나님은 어디나 계시고, 언제라도 만날 수 있는 분이기에 기도의 방법 역시 다양할 수밖에 없다. 하나님은 영이시기에 외적인 것보다 중심을 보신다. 우리는 사람의 마음을 보기 어렵지만 하나님은 우리의 중심을 보신다. 그렇다면 기도 역시 그것에 근거해야 한다. 하나님에게 기도하는 방법이 정해져 있는 것일까? 그렇지 않다. 적어도 마음이 바르고 하나님을 향한 사랑과 경외심이 있다면 어떤 모습으로 기도하든지 크게 문제가 되지 않는다.

하나님은 광대하시다. 하나님은 우리가 생각하는 그 이상의 분이시다. 어느 하나만을 고집하지 않으신다. 인간은 하나님을 제한할 수 없다. 하나님은 우리를 넘어서는 분이시기에 우리의 몇 가지 생각으로 하나님을 제한하면 하나님과 만남을 깊게 가질 수 없다. 그런 면에서 보면 하나님과 대화하고 만나는 기도 방법은 다양할 수밖에 없다. 그렇기에 우리는 하나님이 보시기에 적합한 방법을 적절하게 사용하여 기도하면 된다. 중심을 바로잡고 하나님에게 인정받으면 결국 하나님께 드린 모든 기도는 꼭 이루어진다.

우리가 항상 기도하고 쉬지 말고 기도하려면 기도의 방법은 다양해야 한다. 그렇지 않으면 기도를 상황에 맞게 제대로 할 수 없다. 성경에는 다양한 기도 방법이 나온다. 이것을 참고하여 다양한 모습으로 하나님과 만남을 유지한다면 하나님과의 관계는 깊어질 것이다. 시공간을 초월하여 계시는 하나님과 어떻게 만날까를 생각한다면 다양한 기도 방법이, 각자에게 맞는 방법이 창조될 수밖에 없을 것이다. 여기서 중요한 것은 나타나는 방법에 있다기보다 중심에 있다. 방법은 중심을 드러내는 도구이다. 다양한 방법을 찾아 기도하되 방법과 외적인 모습에 너무 지배당하면 기도의 본질을 놓칠 수 있다.

기도가 습관이 되게 하라
- - - - - - - - - - - - - - - - - - - -

기도는 삶의 습관이다. 사람의 행동은 모두 습관에서 나온다. 특히 자연스럽게 하거나 의식하지 않고서도 쉽게 할 수 있는 것은 오랫동안 나의 습관이 되었기 때문이다. 우리가 지속하는 일들은 모두 습관이 된 것들이다. 습관이 된 일은 쉽다. 하지만 습관으로 자리 잡지 않으면 작은 일이라도 나에게 어려운 일이 된다. 결국 쉽다고 생각하는 일은 습관에서 결정된다.

사람이 하는 일을 보면 특징이 하나 있다. 그것은 나쁜 일은 쉽게 하지만 좋은 일은 시간이 오래 걸린다는 사실이다. 왜 그럴까? 인간은 본래 악한데, 어떤 사람은 선한 일을, 어떤 사람은 악한 일을 많이 한다. 어디서 차이가 나는 걸까? 그것은 대부분 습관에서 비롯된 일이다. 아직 습관화되지 않는 일은 어렵지만 습관화된 일들은 쉽게 이루어진다. 누구든지 어떤 일을 습관화되게 하면 그때부터 자연스럽게 생활화된다.

우리가 기도하기 위해서는 일단 기도 습관을 들이는 것이 우선이다. 기도 시간을 정하고 그 시간에 실제로 기도하는 일이 중요하다. 기도가 어려운 이유는 아직 습관이 안 되었기 때문이다. 기도를 쉽게 하려면 기도를 나의 거룩한 습관으로 만드는 전략이 필요하다. 기도 습관을 들이기 위해서는 적어도 시간을 정복해야 한다. 시간을 정하고 그 시간에 무슨 일이 있든지 간에 최우선으로 기도하는 일이 필요하다. 대부분 이 시간에서 무너진다. 우리는 시간을 내지 못하고 늘 시간에 쫓기며 산다. 이것은 모든 일에도 그대로 적용된다.

시간을 정해서 그 시간을 기도 시간으로 따로 떼어놓아야 하는데, 사실 쉽지 않다. 그렇지만 정말 기도하고 싶다면 먼저 일상에서 기도 시간을 따로 바치는 헌신의 결단이 필요하다. 기도 시간을 모든 일에 우선순위로 두는 훈련이 중요하다.

그다음으로는 장소다. 물론 어디서나 기도할 수 있다. 하지만 시간은 정했지만 기도하기에 적합하지 않은 장소라면 기도하기 어렵다. 이런 면에서 장소 역시 기도 습관을 위해 중요한 요소이다. 예수님이 따로 시간을 내어 한적한 장소에서 습관처럼 기도하신 그 모습을 우리는 모두 본받아야 한다.

사실 기도는 생각과 마음으로 하지만 몸도 같이 따라가야 한다. 마음과 생각은 있지만 몸이 따라주지 않으면 기도를 포기하는 경우가 많다. 기도가 몸에 습관처럼 배지 않으면 일상에서 기도생활은 어렵다. 몸은 우리의 육신과 연관 있다. 육신과 몸은 늘 편해지고자 하는 특징이 있다. 그래서 마음은 늘 굴뚝같지만 몸의 지배를 받기에 결국 실천하지 못하는 경우가 잦다. 그렇기에 기도가 몸에 체득되지 못하면 습관적인 기도생활이 힘들어진다.

예수님은 세 명의 제자를 따로 데리고 겟세마네 동산으로 가서서 같이 기도하기를 원하셨다. 하지만 그 제자들은 마음은 원했지만 몸이 피곤해서 잠을 잘 수밖에 없었다. 육체의 연약함이 그 중요한 역사적인 예수님의 마지막 기도 시간에 깨어 있을 수 없었다. 그 결과 그들은 예수님이 잡히시자, 예수님을 버리고 다 도망치고 말았다.

이처럼 우리 또한 중요한 순간에 불신앙을 보이지 않기 위해서라도 꼭 기도를 습관화해야 한다. 반복적인 일을 21일만 하면 습관화된다고 한다. 몸은 길들기에 따라 움직인다. 이런 면에서 기도는 전인적이다. 마음과 생각만으로는 안 되고 몸까지 움직이는 전인적인 활동이다. 몸에 체득하는 과정은 자연스럽게 자기 부인으로 이어진다. 자, 지금부터 시작해보자. 먼저 기도의 자리에 앉아 있는 훈련부터 시작하자. 적어도 30분 동안 앉아 있는 훈련부터 하자. 설령 기도가 안 되고 마음이 복잡하더라도 몸을 하나님에게 드린다고 생각하며 시작해보자. 시작이 반이다.

주님과 동행하는 기도를 해라

다양하게 기도하려면 주님과 동행하는 삶을 사는 일이 우선이다. 다양한 기도문은 상황을 넘어서는 기도를 의미한다. 어디에서나 주님의 임재를 경험하고 느끼지 않으면 다양한 기도를 하기 어렵다. 다양한 기도의 삶은 기도의 지평을 넓히는 일이다. 기도할 때 한 방법에만 매이면 기도가 어려워진다. 다양한 상황에서 기도하려면 기도의 대상인 주님을 잘 이해하는 일이 우선이다. 방법은 내용에서 나온다. 원리를 제대로 이해하면 방법을 찾을 수 있다. 예수님이 누구이신가를 제대로 이해한다면 기도의 방법 역시 다양하게 적용하면서 기도할 수 있다.

수가성 우물가에서 사마리아 여인이 예수님을 만났다(요 4:19-

24). 여인은 평소에 가졌던 고민을 예수님께 털어놓았다. 여인은 유대인의 방식대로 이해한다면, 사마리아 사람들은 예배와 기도를 드릴 수 없다는 문제를 제기한다.

"여자가 이르되 주여 내가 보니 선지자로소이다. 우리 조상들은 이 산에서 예배하였는데 당신들의 말은 예배할 곳이 예루살렘에 있다고 하더이다."

그러자 예수님은 누구든지 예수님을 만난 사람은 장소에 상관없이 그곳이 예배의 장소가 될 수 있다고 말씀하신다.

"예수께서 이르시되 여자여 내 말을 믿으라. 이 산에서도 말고 예루살렘에서도 말고 너희가 아버지께 예배할 때가 이르리라. 너희는 알지 못하는 것을 예배하고 우리는 아는 것을 예배하노니 이는 구원이 유대인에게서 남이라. 아버지께 참되게 예배하는 자들은 영과 진리로 예배할 때가 오나니 곧 이때라. 아버지께서는 자기에게 이렇게 예배하는 자들을 찾으시느니라. 하나님은 영이시니 예배하는 자가 영과 진리로 예배할지니라."

신령과 진정한 마음을 가지고 예배하면 어디서나 예배할 수 있다는 말씀은 오늘날 우리가 기도할 때도 그대로 적용된다. 어디에서나 어떤 형태로든지 기도하기 위해서는 주님을 어떻게 이해하느냐에 따라 달라진다. 주님을 사랑하고 주님과 동행함을 느낀다면 기도 방법은 다양하게 적용될 수 있다.

창조적으로 기도하라

다양하게 기도하라는 것은 곧 창조적으로 기도하라는 의미다. 하나님은 우리의 기도를 다 듣고 받으신다. 창조적인 기도는 하나님의 관점에 집중할 때 나온다. 기도의 힘은 방법이 아니라 하나님께 있다. 하나님과의 관계를 친밀하게 유지할 때 우리는 그 관계를 발전시킬 수 있는 다양한 창조적인 방법을 생각할 수 있다. 기도 방법을 몇 가지로만 고집하다 보면 기도의 본질보다 기도의 형태에 치중하게 된다. 이를 극복하려면 상황에 맞는 다양한 기도 방법을 창조적으로 적용할 필요가 있다.

기도한다는 것은 하나님과 교제하는 것이다. 하나님과 교제한다는 것은 하나님과 연결되는 최고의 일이다. 이렇게 보면 기도는 하나님의 창조사역에 동참하는 일이다. 우리는 기도함으로써 하나님 사역의 도구가 된다. 하나님은 믿음으로 기도하는 사람에게 지금도 놀라운 창조를 일으키신다. 그래서 하나님은 기도하는 자를 찾으신다. 인간의 힘으로는 할 수 없지만 기도를 사용하면 누구나 하나님 역사의 주인공이 될 수 있다.

생각해보라. 기도의 비밀을 안다면 우리는 지금보다 더 놀랍게 달라질 수 있지 않겠는가! 하나님의 능력을 나도 같이 공유할 수 있고, 그 주인공이 될 수 있다는 게 놀라운 은혜이지 않은가! 하나님은 기도를 통해 우리와 교제하시고, 기도하는 자를 통해 하나님의 역사를 이루어가신다. 어떤 특별한 사람만이 아니라 누구나 이 일에 동참할 수 있다. 아무리 연약하고 힘없는 사람이라 할지라도 기도를 통해 위대한 믿음의 사람이 될 수 있다. 하나님의 창조사역에 함께할 수 있다.

이런 기도의 위력을 안다면 우리는 하나님과 다양하게 교제하는 기도 방법을 창조할 수 있을 것이다. 내가 기도로 하나님의 창조사역에 동참한다는 사실이 설레지 않는가! 우리는 언제, 어디서나 하나님을 만날 수 있다. 기도는 그것을 가능하게 하는 통로이자 하나님의 영광을 드러내는 그리스도인의 특권이다.

큰소리로 기도하기

예수님이 두로와 시돈 지방으로 들어가실 때 가나안 여인이 나아와 소리 지르며 "주 다윗의 자손이여 나를 불쌍히 여기소서. 내 딸이 흉악하게 귀신 들렸나이다"(마 15:22)라고 도움을 청했다. 이때 가나안 여인은 있는 힘껏 소리 질러 간청했다. 가나안 여인은 언제, 어떤 상황에서 소리를 질렀는가? 그것은 갈급하고 간절한 때였다. 사실 많은 사람 앞에서 소리를 지른다는 것은 그리 쉽지 않다. 주변의 눈치도 봐야 하고 체면도 생각해야 하니 말이다. 그러나 가나안 여인의 처지에서 보면 예수님께서 자신이 사는 곳에 오시는 일은 아주 드문 경우이기에 절대 놓칠 수 없는 절체절명의 기회였다.

이와 비슷한 예는 많다. 한번은 예수님을 따라오며 "다윗의 자손이여 우리를 불쌍히 여기소서"(마 9:27)라고 외친 맹인들이 있었다. 그들의 처지에서 보면 소리 지를 수밖에 없었다. 이번 기회를 놓치면 안 된다는 절박함이 더욱 크게 소리를 지르게 했다.

우리의 기도에도 이것은 그대로 적용된다. 누구든지 때때는 울부짖을 수 있다. 너무나 절실할 때 주위를 의식하지 않고 큰소리로 기도할 수 있다. 그러나 그런 모습을 이상하게 여기는 사람들도 있다. 이때 우리는 울부짖는 사람의 외적인 모습보다 그 사람의 내면을 헤아릴 줄 알아야 한다. 얼마나 간절했으면 저렇게 기도하는지, 그 사람의 겸손함을 바라볼 수 있어야 한다. 교만한 사람은 절대 부르짖어 기도할 수 없다. 오직 겸손한 사람만이 자기를 죽이고 하나님을 향해 울부짖을 수 있다. 하나님만 바라보면서 간절한 마음을 토해내는 이런 기도가 우리 모두에게 필요하다.

절박한 마음으로 하나님을 구하고 찾을 때 하나님은 크고 비밀스러운 일을 알려주신다. 골방에서 간절하게 소리 지르면서 하는 기도의 경험을 얼마나 갖고 있는가? 같이 합심하여 크게 소리 지르는 기도는 하나님을 향해 더욱 집중하게 하는 유익이 있다. 교회 공동체에서 합심하여 소리 지르며 기도하는 것은 기도체험에 좋은 경험이 된다. 대체로 큰소리로 기도하는 훈련을 한 사람은 기도의 맛을 느끼고 담대하게 기도하는 믿음을 얻는 유익이 있다. 처음이 어렵지, 한번 시도해보면 그다음은 쉽게 할 수 있다.

작은 소리로 기도하기

우리는 일상에서 혼자 있기보다는 다른 사람들과 같이하는 시간이 많다. 이런 시간에 기도한다는 것은 거의 불가능하다. 성경은 주야로 묵상하라고 말한다. 여기서 묵상은 작은 소리로 읊조리는 것을 의미한다. 그냥 속으로 기도하거나 마음으로 기도하는 일은 쉽지 않다. 집중도 안 되고, 다른 일로 인해 계속 기도하기가 어렵다. 이런 경우에는 어떻게 하는 것이 좋을까? 그 방법이 작은 소리로 읊조리며 기도하는 방법을 터득하는 일이다. 나는 혼자 있을 때나 산책하거나 길을 거닐 때 자주 작은 소리로 읊조리는 기도를 즐겨한다. 흔히 중얼거린다고 말하는 방법으로 생각나는 내용을 기도한다.

기도는 묵상으로도 가능하지만 소리를 낼 때 더 집중할 수 있고, 더 잘된다. 잠시 혼자 시간을 보낼 때 눈을 뜨고 조용히 소리 내어 기도하는 방법은 기도를 생활화하는 데 큰 도움을 준다. 기도는 자주 말하는 것이 중요하다. 작은 소리라도 입에서 내뱉는 훈련을 할 때 우리의 기도는 일상에서 습관으로 자리 잡을 것이다.

주의 모든 일을 작은 소리로 읊조리며
주의 행사를 낮은 소리로 되뇌이리이다. (시편 77:12)
오직 여호와의 율법을 즐거워하여
그의 율법을 주야로 묵상하는도다. (시편 1:2)

탄식하며 눈물로 기도하기

인생을 살다 보면 지치고 어려울 때가 있다. 아무에게도 나의 사정을 알리고 싶지 않은 고통의 순간이 있다. 이럴 때 하나님께 나의 마음을 토로하는 것은 매우 좋은 일이다. 하나님은 크고 위대하신 분이기에 우리의 어떤 기도라도 다 들어주신다. 인간의 연약함을 알고 계신 주님은 설령 우리가 실수했다 해도 당장 벌을 내려 징계하기보다 우리의 나약함을 위로해주시는 분이다. 주님은 우리의 사정을 다 알고 계신다. 우리의 연약함과 부끄러운 부분을 모두 보고 계신다. 그런데도 우리의 연약함을 문제 삼지 않으신다. 오래 참고 기다리면서 우리를 위해 중보하고 계신다.

우리가 이런 하나님을 믿고 의지한다면 힘들고 고난의 시기에 눈물로 탄식하며 하나님 앞으로 나아가는 기도를 할 수 있다. 그냥 있는 그대로 탄식하며 눈물을 흘리며 기도하는 자세가 중요하다. 사람 앞에서는 토로할 수 없지만 주님 앞에서는 가능하다. 주님 앞에 무엇을 내놓지 못하겠는가? 모든 것을 다 내려놓고 나의 사정을 아뢰며 기도할 수 있다. 있는 모습 그대로 하소연하며 기도할 수 있다. 이때 탄식 자체가 기도가 된다.

하나님은 우리의 중심을 아신다. 그렇다면 굳이 말로 기도하는 것만이 기도가 되는 것은 아니다. 탄식만으로도 기도가 된다. 그러나 누구를 향해서 하느냐가 중요하다. 어린아이가 부모에게 칭얼대는 것을 부모는 다 받아준다. 하나님도 이와 같은 분이시다. 우리가 굳이 많은 말을 하지 않아도 하나님은 우리의 탄식만 들어도 다 알고 계신다. 얼마나 놀라운 하나님의 은혜인가?

나의 상한 것을 그대로 드러내면 사람에게는 자칫 오해될 수 있다. 하지만 하나님에게는 어떤 것도 가능하다. 진정 슬프고 위기에 처할 때 하나님께 나아와 탄식기도를 드려보라. 그 기도는 이미 그 자체만으로도 하나님께 가까이 다가가는 기도가 된다. 상한 심령을 풀어놓고 하나님과 대화를 나누다 보면 치유의 은혜와 자유의 기쁨을 경험할 수 있다. 나의 모든 탄식을 받아주시는 하나님이 바로 내 곁에 있다는 사실이 얼마나 감사한 일인가?

내가 탄식함으로 피곤하여
밤마다 눈물로 내 침상을 띄우며
내 요를 적시나이다. (시편 6:6)

침묵으로 기도하기

침묵기도는 말없이 기도하는 것이다. 꼭 말을 해야만 기도가 되는 것은 아니다. 기도는 하나님과 나누는 영의 대화이다. 영은 말을 하지 않아도 소통할 수 있다. 오히려 어떤 경우에는 말을 하지 않는 것이 더 좋을 수도 있다. 하나님은 영이시기에 기도는 영으로 해야 한다. 말로 하지만 그 안에는 영이 함께해야 기도가 이루어진다.

이렇게 보면 우리가 기도할 수 있다는 것만으로도 큰 은혜다. 영이신 하나님을 믿는 성도들은 하나님과 말없이도 대화할 수 있다. 영적인 소통이 일어나기 때문이다. 우리의 마음과 생각을 아시는 하나님과 침묵으로 기도할 수 있다. 침묵으로 기도한다는 것은 내 안에 성령이 계신다는 뜻이다. 침묵기도는 내 안에 계신 성령을 통해 하나님을 영으로 느낄 때만이 가능하다.

얼마나 영적으로 민감하냐에 따라 침묵기도의 깊이를 경험할 수 있다. 말로 기도하는 것과 침묵으로 기도하는 것은 많은 차이가 있다. 말없이 침묵으로 기도하면 많은 기도를 할 수 있다. 기도의 내용이 깊고 넓다. 마음과 생각은 입 밖으로 내뱉는 언어보다 더 많은 말을 그려낼 수 있기 때문이다. 여기서 주의해야 할 점은 침묵기도를 할 때는 주위의 것들에 마음을 두지 말고 오직 하나님께만 집중하는 열정이 필요하다는 것이다. 오직 하나님께만 마음을 둘 때 비로소 좀 더 깊은 침묵기도의 세계를 경험할 수 있다.

순간적으로 기도하기

모두가 한 번쯤 경험했겠지만 나도 가끔 경험하는 일이다. 졸음 운전을 하다가 순간적으로 충돌 위기를 가까스로 넘기거나 후미에 어린아이가 있는 것을 발견하지 못한 채 후진하다가 순간 가슴을 쓸어내리는 경험이다. 그리고 좁은 골목길에서 갑자기 튀어나오는 아이를 보면 급정지와 함께 가슴이 철렁 내려앉았다. 이런 경우 우리는 단 몇 초 사이로 아슬아슬하게 위기를 넘긴 후 한숨을 내쉬며 순간적으로 기도한다. "주님, 감사합니다!" 우리는 살면서 내 힘으로는 불가능하고, 하나님이 도와주셨다는 인식이 강하게 찾아오면 찬양과 감사기도를 순간적으로 하게 된다. 순간적인 기도는 보통 위기 때 찾아온다.

이렇게 보면 순간적으로 기도하는 것은 늘 하나님에 대한 인식이 없으면 힘들다. 평소에 하나님을 인식하고 있을 때 우리는 순간적으로 기도하게 된다. 순간적인 기도는 시간으로 보면 아주 짧지만 능력이 있다. 기도는 인간의 시간을 넘어서는 영역이다. 비록 짧은 기도라 할지라도 그 기도 시간은 천년 같은 시간이 될 수 있다. 기도는 양이 중요하기도 하지만 질이 더 중요하다. 호흡도 순간으로 하는 인간의 행위이다.

구속해주심을 감사하고 찬양한다면 놀라운 일이 생긴다. 우리가 놓치고 있는 부분은 거의 순간적인 일들이다. 그런 시간을 짧다고 생각하지 않고 영적인 사건으로 하나님을 인식한다면 순간 속에 영원을 경험할 수 있다. 짧은 순간을 놓치지 않고 그 시간을 하나님에게 드린다면 하나님의 임재가 더 충만하게 이루어질 수 있다.

눈을 감고 기도하기

어떤 때는 기도가 산만하고 집중이 안 된다. 이럴 때는 눈을 감고 조용히 묵상하며 기도하는 방법이 좋다. 마음이 평정심을 찾으면서 집중할 수 있다. 우리가 오감으로 너무 많은 것을 보고 들으면 도리어 기도에 집중이 안 될 수도 있다. 그럴 때는 오감을 잠시 닫고 마음에 집중하는 것이 더 좋은 기도 방법이다.

이런 면에서 눈을 감고 기도하는 방법은 우리가 흔히 사용할 수 있는 좋은 기도 방법이다. 경험적으로 볼 때 눈을 감고 하는 기도가 집중이 가장 잘 된다. 특히 예배 중에, 기도회 때, 사람이 많이 모였을 때 눈을 감는 것은 이런 이유 때문이다. 눈을 감는다는 것은 육신의 감각을 즉시 멈추고 영으로 하나님을 느낀다는 것이다. 또한 주변의 모든 것을 일시적으로 차단하고 오직 하나님께만 집중한다는 의미다.

눈을 뜨고 기도하기

흔히 우리는 기도할 때 눈을 감는다고 생각한다. 하지만 어떤 때는 눈을 떠야 할 때도 있다. 우리가 사는 세상은 눈을 뜨고 사는 환경이다. 예를 들면 길을 걸을 때든지 일할 때는 모두 눈을 떠야 한다. 그런 상황에도 주님과 소통하는 게 필요한데, 우리는 종종 그 순간에 하나님을 잊고 산다. 눈을 뜨고 있는 순간에도 하나님은 우리와 동행하시고 기도가 필요한 때다. 그렇다면 눈을 감기보다는 눈을 뜨고 기도할 수 있어야 한다.

이런 면에서 눈을 뜨고 기도하는 것도 좋은 기도 방법의 하나다. 기도할 때 눈을 뜨고 하느냐, 눈을 감고 하느냐는 보이는 육신적인 차이지, 영적인 차이는 아니다. 눈을 뜨든지 눈을 감고 있든지 간에 우리는 늘 하나님과 영으로 교제해야 한다. 어느 한순간도 하나님을 잊지 말아야 한다. 항상 하나님의 임재를 느끼면서 하나님과 동행하는 삶을 살아야 한다.

그렇다면 우리는 어떻게 눈을 뜨고 기도할 수 있을까? 그것은 아주 간단하다. 우리가 무엇을 하든지 간에, 가령 회사에서 주어진 업무를 수행한다든지, 카페에서 친구를 만나든지, 집에서 청소한다든지 간에 그 일을 하면서 하나님을 생각하고 하나님과 동행하기를, 하나님의 뜻과 일치된 결과가 나오기를 소망하며 마음으로 간단히 기도하면 된다. 꼭 큰 목적을 이루는 기도는 아니더라도 일상에서 일어나는 소소한 제목의 기도를 즉시 드릴 수 있다. 이 기도는 행동과 기도를 일치시킬 수 있다는 장점이 있다.

우리가 일상에서 하나님을 인지하고, 그분의 뜻에 맞도록 행해야 한다고 생각하는 것은 삶의 변화를 이루는 데 매우 유익하다. 결국 기도는 나를 변화시키는 것이고, 내가 변한다는 것은 곧 나의 삶이 달라진다는 뜻이다. 눈을 뜨고 있지만 영적으로는 더욱 민감하게 반응하는 것이 바로 눈을 뜨고 하는 기도의 삶이다.

산책하며 기도하기

나는 하루를 시작하는 아침시간에 주로 산책하고 간단한 운동을 한다. 집 주변의 올레길을 걷거나 호수 주위를 거닐 때가 많다. 그때마다 나는 기도한다. 사실 산책할 때처럼 기도하기에 좋은 시간은 없다. 새벽기도는 말씀을 묵상하며 눈을 감고 기도 제목을 놓고 집중적으로 기도하는 것이라면, 산책기도는 생활에 적용하며 기도한다는 점에서 차이가 있다. 이때 나는 주로 대화식으로 기도한다. 마치 에덴동산에서 하나님과 아담이 동행하며 교제하듯 그런 마음으로 특별한 개인시간을 갖는다. 하루 일을 계획하고, 그 계획에 맞는 기도 내용을 정리하며, 하나님의 뜻을 물어보는 그런 기도를 드린다.

산책하며 기도하는 일은 일상에서 매일 적용할 수 있다. 특별히 누구의 방해도 받지 않고 소리 내어 이야기하며 기도할 수 있으며, 때로는 찬송하면서 기도할 수 있다는 장점이 있다. 특히 아침의 신선한 공기를 마시면서 기도하기에 건강과 아울러 영혼의 생기를 얻을 수 있다는 점에서 추천할 만하다. 보통 산책은 하지만 기도하는 시간을 동시에 갖지는 않는다. 하지만 산책과 운동을 하면서 주님과 교제하는 기도를 습관화한다면 더욱 풍성한 기도의 세계를 경험할 수 있을 것이다.

손을 들고 기도하기

모세가 아말렉 전투를 위해 기도할 때 여호수아는 나가서 전투했다. 모세가 손을 들고 기도하면 이스라엘이 이겼고, 손을 내리면 아말렉이 이겼다. "여호수아가 모세의 말대로 행하여 아말렉과 싸우고 모세와 아론과 훌은 산꼭대기에 올라가서 모세가 손을 들면 이스라엘이 이기고 손을 내리면 아말렉이 이기더니"(출 17:10-11). 손을 들고 기도한다는 것은 자기의 모든 것을 주님에게 맡긴다는 의미가 있고, 전적으로 주님의 도우심을 구한다는 표현이기도 하다.

이렇게 손을 높이 들고 기도하는 자세는 우리 마음을 주님께 향하게 하는 장점이 있다. 물론 조용하게 기도할 수도 있지만 이렇게 두 손을 들고 나의 전부를 드리는 몸의 표현을 함께한다면 기도 속으로 좀 더 깊이 들어갈 수 있다. 사람은 마음과 영혼만 있는 것이 아니라 육신도 존재하기에 육신을 언어로 표현하는 기도가 필요하다.

예전에는 교회에서 금요일에 철야기도회를 할 때 전교인이 소리 내어 두 손을 들고 기도하는 모습을 많이 볼 수 있었다. 전적으로 주님에게 의존하는 이런 모습은 보기에도 아름다웠다. 물론 지금도 가끔 보이기는 하지만 삶이 풍요로워져서 그런지 예전만큼 갈급해하지는 않는 것 같다. 우리가 살다 보면 긴박한 때가 있다. 정말 절실한 때다. 이런 때는 나의 뜻과 마음과 성품을 다해 온몸으로 표현하는 이 기도를 드려보라. 놀라운 하나님의 은혜를 경험하게 될 것이다.

기억한 것으로 기도하기

우리가 하는 모든 일은 하나님이 과거에 행하신 일에 근거한다. 맨 처음 하나님께서 천지를 창조하시고 사람을 만드셨다. 세상의 모든 것을 완전하게 창조하신 후에 인간을 살게 하셨다. 엄밀히 말하면 인간은 하나님이 하신 일을 그대로 받아들이고 그 안에서 삶을 누리면 된다. 그런데 인간이 죄를 지음으로써 그것들을 누리지 못하고, 빼앗고 질투하며 싸우는 불행한 상황이 초래되었다.

사실 하나님 안에서는 새로운 것이 없다. 이미 그리스도를 통해 구원까지 다 이루셨다. 우리에게 남은 과제는 그것을 온전히 믿느냐 믿지 않느냐다. 믿고 행동하면 하나님이 만드신 모든 것을 즐길 수 있다. 그래서 그리스도인에게는 믿음이 우선이다. 모든 일은 하나님께서 행하신 일들이 지금도 반복되고 있다. 우리는 하나님이 행하신 일을 기대하며, 그것을 날마다 기억하고 묵상하는 삶을 살아야 한다. 이것이 신실한 그리스도인의 삶이다.

우리는 언제 죄를 짓는가? 하나님이 행하신 일을 잊을 때다. 구약시대에 이스라엘 백성들이 패망한 가장 큰 이유는 하나님이 행하신 일을 잊어버렸기 때문이다. 이스라엘 백성들을 애굽에서 구원해주시고 광야에서 40년간 기적으로 살게 해주신 사건을 잊은 결과, 가나안에 지배당하여 결국 하나님을 떠나게 되었다. 하나님의 말씀을 기억하고 깊게 생각하는 삶을 살지 못했다. 기도한다는 것은 예전의 일을 기억한다는 의미가 있다. 주님의 은혜를 생각하다 보면 저절로 회개하게 되고, 신앙을 회복할 수 있다. 신앙은 하나님이 과거에 행하신 그 일을 기억하는 것이다. 기도 역시 주님이 행하신 일을 기억하며 기이한 일에 응답하는 것이다.

"여호와의 일들을 기억하며 주께서 옛적에 행하신 기이한 일을 기억하리이다"(시 77:11).

이것은 오늘날 우리에게도 그대로 적용된다. 기도한다는 것은 곧 주의 말씀을 기억한다는 뜻이다. 예수님이 십자가에서 다 이루신 그 일을 기억하면 신앙이 날마다 새로워진다. 그 기억하는 방법이 기도하는 일이다. 기도로 기억하고, 기억난 것을 다시 기도하는 방식을 따르면 된다. 기억한다는 것은 말씀을 붙잡는다는 것이고, 이것은 기도를 통해 이루어진다.

기도가 어렵다는 생각이 들면 지금이라도 주님이 행하신 일과 하나님이 나에게 베푸신 일을 기억하며 그것을 붙잡고 기도하라. 그러면 자연스럽게 기도가 되고 기도의 능력을 얻을 수 있다. 이것이 기도를 통해 말씀으로 돌아가는 일이다.

걸어 다니면서 기도하기

모세가 이스라엘에게 가르친 쉐마교육을 보면 하나님의 말씀을
자녀에게 강론할 때는 길을 갈 때도 실천하라고 말했다.

> 이스라엘아 들으라.
> 우리 하나님 여호와는 오직 유일한 여호와이시니
> 너는 마음을 다하고 뜻을 다하고 힘을 다하여
> 네 하나님 여호와를 사랑하라.
> 오늘 내가 네게 명하는 이 말씀을 너는 마음에 새기고
> 네 자녀에게 부지런히 가르치며
> 집에 앉았을 때에든지 길을 갈 때에든지
> 누워 있을 때에든지 일어날 때에든지
> 이 말씀을 강론할 것이며. (신명기 6:4-7)

이것을 기도에도 같이 적용할 수 있다. 그렇다면 걸으면서 어떻
게 기도할 수 있을까? 길을 갈 때는 눈을 감고 하는 보통의 기도 방
법으로는 불가능하다. 실제 기도에 집중하면 길을 제대로 걸을 수
없다. 이때는 마음과 영으로 기도해야 한다. 주님과 동행한다는 생
각을 가지고 걸으면서 순간적으로 생각나는 기도 제목을 주님과 대
화식으로 기도하면 된다.

누가복음 24장에 보면 엠마오로 가는 두 제자가 주님과 동행하면서 성경이야기를 주고받는 모습이 나온다. 예루살렘에서 일어난 부활에 관한 이야기를 나누는 두 제자의 대화 속으로 예수님이 들어오면서 함께 자연스럽게 동행하는 모습이다. 예수님은 두 제자가 어려워하는 부활에 관한 내용을 구약성경을 인용하여 자세히 풀어주신다. 이 모든 게 길을 거닐면서 이루어진 일이다. 그렇다면 우리도 이 모습을 그대로 기도에 적용할 수 있지 않을까?

나는 걸어 다니면서 기도를 자주 하는 편이다. 강의나 설교, 성경 공부 등을 준비하는 데 있어서 걸을 때 하는 기도가 큰 도움이 된다. 이때는 주로 잘 풀리지 않는 핵심 메시지를 중심으로 묵상하면서 기도하는데, 하나님께 어려운 내용을 좀 더 명료하게 풀어달라고 간절히 구한다. 그리고 주님과 대화를 나눈다. 그런 시간을 갖다 보면 어느 순간 고민하던 문제가 해결되는 경험을 한다. 이것이 걸으면서 하는 기도의 위력이다. 현대인들은 하루 중에 걷는 시간이 의외로 많다. 이때 그 시간을 기도 시간으로 창조적으로 사용한다면 삶이 좀 더 풍성해질 수 있다. 거리에서 쏟는 시간을 기도 시간으로 만들면 일상의 시간은 생각 이상으로 큰 능력을 발휘할 수 있다.

질문하는 기도하기

기도는 나의 뜻을 관철시키는 것이 아니라 하나님의 뜻을 이루는 것이다. 내 생각을 하나님의 마음에 일치시키는 것이 기도의 핵심이다. 이런 기도를 하기 위해서는 먼저 하나님에게 질문하고, 그 질문에 대한 응답을 기다리는 시간이 필요하다. 하나님은 신실하고 인격적인 분이시기에 물으면 꼭 응답하신다. 그런 면에서 우리는 다윗의 기도를 본받을 필요가 있다. 다윗은 기도할 때마다 아주 사소한 부분까지 묻고 하나님의 응답을 확인한 후에 행동으로 옮겼다. 그렇기에 후세의 사람들은 다윗을 기도의 사람으로 부르기를 주저하지 않는다.

묻는다는 것은 자기의 생각을 포기하고 하나님의 뜻에 순종하는 것을 의미한다. 내 생각을 먼저 구하기보다 하나님의 생각을 구하고, 하나님의 뜻을 구하는 기도를 해보자. 지속해서 질문하면 하나님은 알려주신다. 성령께서 합당한 응답으로 체험하게 해주신다. 하나님에게 질문하는 순간 우리는 하나님의 마음을 알게 된다. 그러다 보면 하나님의 말씀이 생각나게 되고 깨달음이 온다. 우리는 질문을 하면서 하나님의 처지에서 생각하는 훈련이 된다. 그래서 질문하는 것 자체만으로도 큰 유익이 있고 기도의 근본적인 변화가 일어난다.

역대상 14장에 보면 다윗이 블레셋과의 전투에서 승리하는 장면이 나온다. 이때 다윗의 승리 비결은 하나님에게 묻는 기도였다. 첫 번째 기도로 10절에서 다윗이 하나님께 여쭈었다.

"다윗이 하나님께 물어 이르되 내가 블레셋 사람들을 치러 올라 가리이까. 주께서 그들을 내 손에 넘기시겠나이까."

그러자 하나님이 대답하셨다.

"올라가라. 내가 그들을 네 손에 넘기리라."

두 번째로 블레셋과 전투할 때 또 하나님께 묻는 기도를 했다.

"다윗이 또 하나님께 묻자 온대…"(14절).

기도는 묻는 것이다. 묻는다는 것은 곧 하나님의 뜻에 순종한다는 의미다. 이런 점에서 묻는 기도는 기도의 근본을 다시 생각하는 강점이 있다. 물론 묻는다고 해서 다윗처럼 바로 응답이 오면 좋겠지만 그렇지 않은 경우가 더 많을 것이다. 그럴 때는 포기하지 말고 계속 질문하면서 하나님의 때를 기다리면 된다. 기다림의 시간을 통해 우리는 하나님의 뜻을 헤아리는 유익을 얻을 수 있다. 기다림의 시간도 기도 응답의 연장선에 있다(다윗의 기도에 관한 좀 더 자세한 내용을 공부하고 싶다면 「다윗처럼 기도하라」(브니엘)를 참조하라).

찬송으로 기도하기

　기도는 말로만 하는 것이 아니다. 찬송으로도 할 수 있다. 찬송가는 대부분 기도문에 곡을 붙여 만든 것이다. 찬송은 곡조 있는 기도라고 여기면 된다. 시편은 곧 찬송이면서 기도이다. 찬송기도를 하고 싶다면 시편을 활용하면 된다. 나의 마음을 주님에게 드리는 내용과 마음에 와닿는 찬송을 선택해서 찬송을 부르며 기도한다면 그것이 곧 기도가 된다. 가사를 생각하며 기도하는 마음을 가지면 그것을 하나님이 기뻐 받으신다.

　찬송 중에는 다양한 내용이 있다. 그 내용 중에서 나의 기도에 가장 부합하는 찬송을 선택해서 부르면서 기도하면 좋은 기도가 된다. 오늘도 하나님을 높이는 하루가 되기를 바라는 기도를 드릴 때 이런 찬송으로 기도할 수 있다. 하루를 내가 주인이 아닌 주님이 주인이신 하루가 되게 해달라는 기도를 찬송으로 하면 깊은 기도를 할 수 있다. 노래를 부르면 그것은 온몸으로 전해진다. 마음과 생각과 영혼과 몸으로 전달되어 전인으로 기도하는 효과가 있다. 예를 들면 "왕이신 나의 하나님이여 내가 주를 높이고 영원히 주의 이름을 송축하리이다"(시 145:1)라고 찬송하며 기도드릴 수 있다.

우리가 항상 기도하고 쉬지 말고 기도하려면
기도의 방법은 다양해야 한다. 그렇지 않으면
기도를 상황에 맞게 제대로 할 수 없다.
성경에는 다양한 기도 방법이 나온다.
이것을 참고하여 다양한 모습으로 하나님과 만남을
유지한다면 하나님과의 관계는 깊어질 것이다.

"할 수 있거든이 무슨 말이냐.
믿는 자에게는 능히 하지 못할 일이 없느니라" (막 9:23)

C·H·A·P·T·E·R·4

기도 공간을 확장하라

: 부르신 곳을 기도실로 만들기

* * * * *

모든 곳에 계시는 하나님

기도할 때 가장 중요한 것은 기도의 대상을 제대로 이해하는 일이다. 대화를 잘하는 방법은 상대방이 누구인지 먼저 잘 아는 것이다. 그렇지 않으면 대화를 지속할 수 없고, 곧 대화가 단절되고 만다. 상대방을 얼마나 아느냐에 따라 대화의 양과 질이 결정된다.

이것은 기도할 때도 그대로 적용된다. 기도는 하나님과의 대화이다. 그렇다면 먼저 대화의 대상인 하나님을 아는 일이 우선이지 않겠는가! 기도는 하나님을 제대로 알고 이해하는 데 따라서 달라진다. 하나님은 세상을 창조하신 분이기에 이 세상 어디에나 거하신다. 이것은 우리가 어디서나 기도할 수 있다는 뜻이다. 모든 곳에 계시는 하나님을 인정한다면 우리가 사는 모든 곳이 거룩한 곳이 될 수 있다. 하나님이 드러나고 하나님의 이름이 높여지는 곳은, 곧 하나님이 함께하시는 곳이다.

기도가 위대한 이유는 모든 곳에 계시는 하나님의 편재성과 위대하심 때문이다. 기도하는 사람은 어느 한 곳에 매이지 않는다. 모든 곳이 하나님께서 거하시는 곳이기에 어디서나 예배와 기도를 할 수 있다. 신령과 진정으로 기도한다면 우리가 기도하는 그곳이 바로 하나님과 만나는 장소가 된다. 중요한 것은 장소가 아니라 하나님을 얼마나 느끼고, 하나님의 이름을 그 자리에서 얼마나 드러내느냐 하는 것이다. 이런 면에서 그리스도인의 기도는 위대하다. 우리가 기도하는 그곳이 바로 거룩한 하나님의 성전이 되기 때문이다.

우상을 섬기는 이방 종교의 특징은 성지가 지정되어 있다는 점이다. 그곳에만 신이 거하기에 그곳을 특별한 장소로 구분하여 우상시한다. 불교나 이슬람교, 힌두교 신도들이 기도하는 것을 보면 특별한 기도의 처소가 있다. 종교 대부분은 이런 형태를 가지고 유지한다. 특별한 곳을 강조하지 않으면 사람들이 모이지 않고, 사람들이 모이지 않으면 인간의 욕심을 채울 수 없어서 그렇다. 그런 점에서 종교는 신을 만들고, 그 신을 통해 자신의 힘을 키운다. 높은 성전과 화려한 신상을 만들고, 거기에 예배하며 기도하게 한다. 마치 바벨론의 느브갓네살 왕이 높은 신상을 만들어 거기에 절하게 했듯이 세상 모든 종교는 이런 방식으로 사람들을 자기의 지배 아래에 두려고 한다. 하지만 인간이 하나님을 지배할 수는 없다. 하나님은 인간을 창조하신 분이고, 세상 어디에나 존재하시기 때문이다.

구약에서 이스라엘 백성들은 분열왕국 말기에 예루살렘 성전을 우상시하여 그 장소에 집착하면서 파멸했다. 하나님은 성전을 넘어서는 분이시다. 하나님은 만왕의 왕이시다. 예루살렘 이외의 장소 어디에나 존재하시는 분이시다. 하나님이 특별한 곳 예루살렘 시온성을 구별해 두신 것은 하나님을 온전히 섬기기 위한 것이었다. 그곳은 하나님을 예배하는 도구였다. 그런데 이스라엘 백성들은 이것을 깨닫지 못하고 하나님보다 성전을 더 우선시했다. 이스라엘은 성전을 택하고, 오히려 성전을 세우신 하나님을 저버렸다. 모든 곳에 계시며 이방나라까지 통치하시는 하나님을 보지 못한 이스라엘 백성들은 선지자 예레미야의 권면을 거부했다. 이스라엘은 이방 가나안 종교에 물든 모습을 여실히 보여주었다.

오늘날 우리 그리스도인과 교회도 이와 같을 수 있다. 예배당 건물만 강조하고, 세상 어디에나 편재하시는 하나님을 인정하지 않는다면, 그래서 일상에서 드리는 예배를 강조하지 않는다면 우리 또한 이스라엘 백성들이 범한 죄악을 지을 수 있다. 이것을 조심해야 한다. 예배당 건물이 중요한 게 아니다. 하나님은 교회에만 계신 분이 아니고, 기도는 교회에서만 드리는 것이 아니다.

우리가 기도하는 데 어려움을 겪는 것은 어디에나 계시는 하나님을 바라보기 쉽지 않다는 점 때문이다. 교회에서는 많은 성도와 함께 예배를 드리기에 하나님의 임재를 쉽게 느끼지만, 일상에서는 그것이 녹록지 않다. 하지만 우리의 기도는 일상의 모습으로 나아가야 하고, 그것을 통해 하나님 나라가 세워지는 것을 그려야 한다. 주일에 함께 모여 기도하고 예배드리는 것은 세상에 흩어져 기도하기 위함이다.

하나님은 우리가 부르신 그곳에서 하나님의 영광을 드러내기 원하신다. 그것을 이루는 도구가 기도이다. 야곱은 늦은 나이에 가족과 집을 떠나는 아픔이 있었지만 하나님은 그 과정을 통해 어디에나 계시는 하나님을 경험하게 하셨다. 그는 환상 중에 사닥다리를 보고, 그 자리가 곧 하나님의 집인 것을 깨달았으며, 그곳에 계시는 하나님을 고백했다.

야곱이 잠이 깨어 이르되
여호와께서 과연 여기 계시거늘
내가 알지 못하였도다.
이에 두려워하여 이르되 두렵도다.
이곳이여 이것은 다름 아닌 하나님의 집이요
이는 하늘의 문이로다. (창세기 28:16-17)

우리의 기도도 이런 방향으로 나아가야 한다. 오늘 우리는 자신이 있는 그곳에서 하나님을 발견하고, 그곳을 거룩한 성전으로 만드는 사명을 감당해야 한다. 거침없는 기도로 말이다.

생활 속에서 기도하라

기도는 하나님의 뜻대로 살아가는 것이 목표이다. 그리스도인의 기도는 주문을 외우는 이방인의 기도와 근본적으로 다르다. 기도는 하나님과 우리 자신, 그리고 우리와 세상과의 관계를 유지하는 삶이다. 기도는 관계가 핵심이다. 바른 관계를 맺기 위해서는 기도가 필수다. 우리는 기도하면서 하나님의 뜻을 먼저 생각하게 된다. 사람을 대할 때 하나님을 생각함으로써 대하게 되고, 예수님의 처지에서 상대방을 생각하게 된다. 그리고 '예수님이라면 어떻게 하실까'를 생각하며 행하게 된다. 이런 일은 우리의 일상에서 매일 반복된다.

우리가 직장에서 마주치는 사람들은 거의 같다. 가정에서 함께하는 가족들도 같다. 우리는 이런 사람들과 매일 부딪치면서 갈등하고 마음을 상하기도 한다. 그런 생활 속에서 우리는 늘 기도한다. 무엇을 기도할까? 그들과의 관계를 좋게 하는 기도를 하거나 선으로 악을 갚는 방법을 찾고 그런 지혜를 구한다.

우리는 흔히 무엇을 기도할까를 두고 고민하는 경우가 많다. 갑자기 기도를 나눌 때 기도 제목을 말하라고 하면 망설여진다. 기도 제목이 잘 생각나지 않는다. 하지만 크게 걱정할 필요 없다. 오늘을 살아가는 모든 것이 기도라고 생각하면 그 속에 존재하는 모든 게 기도 제목이 된다. 특별한 기도 제목을 정하고 그것을 향해 나아가는 때도 있지만, 대부분 기도는 매 순간 오늘도 만나면서 관계 속에서 생긴 갈등과 해결해야 할 문제가 기도해야 할 내용이다.

어디든지 문제가 없는 곳은 없다. 겉보기에는 아무 문제가 없어 보이지만 실상은 그렇지 않다. 우리는 겉모습만 보고 나도 저렇게 살았으면 하는 것으로 부러워할 때가 있다. 하지만 막상 그들을 만나 보면 그들도 우리와 같은 고민을 안고 살아간다. 결국 사람들의 문제는 대동소이하다. 살아가는 방식에서 조금의 차이가 있을 수 있어도 닥친 어려움이나 인간사는 그게 그것이다.

그렇기에 무엇을 기도할까 망설여질 때는 일상에서 기도 제목을 찾으면 오히려 간단하다. 아침부터 저녁까지 일상에서 일어나는 사건이나 만나고 헤어지는 많은 사람이 모두 기도의 내용이다. 가장 좋은 기도 방법은 오늘 하루의 일과 함께 기도하는 것이다. 오늘 살아가는 삶을 기도 제목으로 삼고, 매 순간 기도하면 된다. 어떤 때는 갈등과 해결점이 곧 기도 내용이 될 수 있다. 그렇게 되면 물 흐르듯이 기도하게 되고 기도함으로써 하나님의 뜻을 경험하게 된다.

하루의 삶이 곧 기도이다. 기도 따로 삶 따로가 아니라 기도가 곧 삶이자, 삶이 기도임을 안다면 신앙에 변화가 일어날 것이다. 하루의 일과 만나는 사람을 기도 자체로 보고, 하나님의 마음으로 시간을 대하고 사람을 만난다면 그 시간은 곧 기도하는 시간이면서 만남의 시간이 된다. 우리는 기도하면서 다른 사람과의 관계를 연결한다. 인간의 힘으로 잘 안될 때는 말씀과 기도로 해결점을 모색해보자. 이렇게 보면 기도는 어떤 특정한 때만 하는 것이 아니라 매 순간 모든 일이 기도가 된다. 처음에는 쉽지 않겠지만 조금씩 훈련하다 보면 일상에서 매 순간 기도하는 자신을 발견하게 될 것이다.

기도로 말씀과 삶을
일치시키라

진정한 믿음은 삶과 같이 간다. 크리스천이 말씀을 듣기만 하고 실천하지 않는다면 그것은 죽은 믿음이다. 살아 있는 말씀은 당연히 행동으로 증명되어야 한다. 구원받은 이후에 그리스도인의 삶은 믿음대로 사는 것이다. 믿음을 주신 것은 이제 삶 속에서 그 믿음을 드러내는 데 있다. 그런데 실제로 믿음을 삶으로 살아낸다는 것은 쉽지 않다.

"내가 너희에게 분부한 모든 것을 가르쳐 지키게 하라"(마 28:20).

이 말씀은 너무나 잘 알고 있는 주님의 마지막 유언과도 같은 말씀이다. 우리가 예수님을 믿은 후에 해야 할 일은 주님이 분부하신 모든 것을 가르쳐 지키게 하는 일이다. 구원받은 그리스도인은 주님이 분부한 모든 말씀을 지켜 행해야 하는 사명이 있다. 그런데 이 사명은 내가 하고 싶다고 해서 할 수 있는 그런 일이 아니다. 내 안에 계신 주님의 영을 의지할 때 이루어지는 역사이다. 주님이 이루신 것처럼 이제 우리도 그것을 주님과 함께 이룰 수 있는 존재가 되었다. 그것을 이루는 방법은 기도이다. 말씀을 실천하기 위해서는 기도가 절대적으로 필요하다.

기도는 말씀과 삶을 일치시키는 일이다. 우리는 기도를 흔히 우리가 원하는 것을 얻는 것으로 생각하지만 그렇지 않다. 기도는 하나님의 뜻을 행하기 위해 나를 죽이는 일이고, 하나님의 뜻을 깨닫고 그 말씀에 순종하는 것이다. 그 과정이 바로 기도이다. 그래서 기도의 과정은 힘들고 고통스럽기까지 하다. 우리는 어려운 일을 당하면 기도하게 된다. 자기 힘으로 할 수 없는 상황이 오면 자연스럽게 기도하게 된다. 하지만 평안하면 기도를 거의 하지 않는다. 그것이 인간의 본성이다.

우리는 기도를 통해 하나님의 뜻을 알게 되고 그 뜻에 순종하게 된다. 말씀이 주어지면 그다음은 기도가 뒤따라야 한다. 그렇지 않으면 말씀을 실천할 수 없다. 그리스도인의 삶은 이제 내가 사는 것이 아니라 내 안에 그리스도께서 사시는 것이다. 문제는 어떻게 하면 그리스도께서 내 안에 살게 하느냐다. 그것을 이루기 위해서는 내 안에 말씀이 들어와야 한다. 그리고 그 말씀이 나를 지배함으로써 말씀과 삶이 일치되어야 한다.

말씀과 삶이 일치되는 길은 기도를 통해서 가능하다. 이것을 이루기 위해서는 항상 기도해야 한다. 우리의 모든 삶이 기도가 되어야 하고 기도와 함께 살아야 하는 이유다. 이것은 하루아침에 이루어지지 않지만 꾸준히 훈련하면 점차 하나님이 나를 만들어가실 것이다. 이런 과정을 통해 우리는 점차 주님을 닮아가게 된다.

우리 자신이 기도 자체가 돼라

성경은 반복해서 기도에 대해 이렇게 말한다.

"쉬지 말고 기도하라"(살전 5:17).

"항상 기도하고 낙심하지 말라"(눅 18:1).

"항상 성령 안에서 기도하고 이를 위하여 깨어 구하기를 항상 힘쓰며"(엡 6:18).

"기도에 항상 힘쓰며"(롬 12:12).

기도는 매일 매 순간 해야 하는 일 가운데 가장 중요한 일이다. 하나님과 영으로 교제를 나누는 것이 그리스도인의 삶이다. 그러나 이것을 어떻게 매일의 삶 속에서 이루어내느냐가 문제이다. 이것에 대한 노력이 필요하다. 기도는 주님과 동행하는 일이다. 기도는 주님과 같이 살아가는 것이다. 그것은 고행이나 노력이 아닌 관계를 유지하는 일이다. 기도의 효과와 유용성을 따지면 기도생활은 힘들어진다. 기도는 무엇을 얻어내는 수단이 아니다. 기도의 중심은 하나님 한 분이시다. 내가 주님 안에, 주님이 내 안에 거하는 것이 곧 기도이다. 아무것도 바라지 않고, 오직 주님 안에 거하며, 주님 한 분으로 만족하는 것이 기도의 핵심이다. 이것은 모든 그리스도인이 할 수 있는 축복이다. 주님을 모신 모든 그리스도인이 꿈꾸는 비전이다.

이렇게 되려면 우리 자신이 기도가 되어야 한다. 그 방법은 우리의 모든 삶에서 기도를 되게 하는 일이다. 기도와 함께 일하고, 일과 기도가 일치되는 방법을 찾아 지속해서 훈련하여 몸에 체득하는 것이 필요하다. 물론 이 일은 처음부터 되는 게 아니다. 이것은 마음을 다하여, 뜻을 다하여, 성품을 다하여 하나님을 사랑하는 마음으로 기도해야 가능한 일이다. 기도는 주님을 사랑하는 일이다. 주님과 모든 일을 함께하는 그것이 바로 기도이다. 때로는 시간을 정해 한적한 곳에서 기도하는 일이 필요하지만 일상에서 항상 기도하는 일 또한 이루어져야 한다. 기도가 내가 되고, 삶이 기도가 되는 일은 익숙하지 않기에 처음에는 어렵다. 하지만 조금씩 훈련해서 기도가 삶이 되게 하면 그 속에서 내가 기도가 되는 모습이 조금씩 이루어진다.

사실 우리가 기도하지 않아도 하나님은 여전히 우리를 도와주시고 인도해주신다. 그러다 보니 사람들은 기도의 중요성을 잊어버리고 기도하지 않게 된다. 그러다가 어려운 일이 생기면 그때야 비로소 기도의 자리를 찾게 된다. 기도하지 않는다는 것은 하나님의 현존을 느끼지 않는다는 것과 같다. 하나님의 편만하심을 믿지 않기에 기도하지 않는 것이다. 날마다 모든 일에서 하나님의 임재를 느끼려면 의식적으로 하나님을 기억하고, 하나님을 내 삶의 주인으로 모시는 일이 우선되어야 한다.

이것을 이루려면 하나님을 중심으로 삼고 주님을 마음에 두는 일이 필요한데, 생각만으로는 잘 안 된다. 사탄은 우리의 기도 시간을 빼앗으려고 안간힘을 다 쓰고 있기 때문이다. 우는 사자처럼 삼킬 자를 찾고 있는 사탄은 가능한 한 우리가 기도하지 못하도록 우리의 생각에서 하나님을 지워버리려고 한다. 그리고 내 생각대로 모든 일을 처리하도록 유도한다. 우리의 마음에 이런저런 핑곗거리를 만들어 우리가 죄의 속삭임에 넘어가도록 유혹하고 있다. 우리는 그때마다 하나님의 은혜를 생각하며 주님 안에서 모든 일을 할 수 있도록 힘써 순종해야 한다.

그렇게 할 때 하나님은 우리에게 지혜를 주시고 그 일을 하나님의 뜻대로 행하게 하신다. 우리 안에서 행하시는 분은 우리가 아니라 성령이시다. 하나님은 기쁘신 뜻을 우리를 통해 이루길 원하신다. 그것을 안다면 내 안에 계신 주님을 의식하며 하나님과 교제하는 일을 최우선으로 삼아야 한다. 이렇게 할 때 아무리 어려운 상황에서도 자연스럽게 기도하게 되고 주님을 의지하는 습관이 자리 잡게 된다.

사도 스데반이 돌에 맞아 죽으면서 드린 기도를 기억하는가? "주 예수여 내 영혼을 받으시옵소서"(행 7:59). 그러면서 "주여 이 죄를 그들에게 돌리지 마옵소서"(행 7:60)라고 마지막으로 기도했다. 스데반의 이 기도는 평소 스데반의 삶이 어떤 모습이었는지 우리에게 생생하게 보여준다. 스데반이 이렇게 기도할 수 있었던 것은 평소 그의 삶이 이러했기 때문에 가능했다. 생각해보라. 돌에 맞는 순간에 저절로 기도가 나온다는 사실은, 그것도 자신을 죽이려고 돌을 던진 사람들의 죄를 용서해달라는 기도를 드린다는 사실은 그의 평소 모습이 기도 그 자체였음을 알려주는 방증이다. 스데반은 기도로 자신을 만들었고, 그 기도는 주님의 기도와 같은 기도였다. 이것은 자연스럽게 몸에서 배어 나올 때 가능한 일이었다. 당신도 이런 기도를 드릴 수 있다. 두려워하지 말고 작은 믿음으로 시작해보자.

기도의 실제 3. 공간

어디서 기도해야 하나?

아침에 일어나서 기도하기

매일 아침에 일어나 하나님께 감사하며 의탁하는 기도는 하루를 사는 데 있어서 중요한 시간이다. 하루의 시작을 기도로 하는 습관을 훈련해보자. 하루가 달라질 것이다. 하나님과 동행하는 시간이될 것이다. 당신은 하루의 첫 시간을 어떻게 시작하는가? 긴 시간이 아니어도 좋다. 잠깐이라도 묵상하고, 하나님께 찬양과 감사기도를 드려보라. 마음과 생각에 찾아오시는 하나님을 느끼게 될 것이다. 이런 면에서 아침에 일어나 기도하는 습관은 매우 중요하다. 아직 익숙하지 않다면 지금부터라도 시작해보라.

나는 한 병원에서 출근시간 한 시간 전에 모여 예배드리는 직장

예배를 인도하고 있다. 짧은 시간이긴 하지만 이 시간은 은혜가 충만한 아침시간이 되고 있다. 직장에서 아침에 이런 짧은 모임을 하는 것도 좋지만 그렇지 못하다면 개인적인 기도 시간으로 하루를 시작하는 것이 좋다.

사랑의 주님,
오늘도 하루를 시작하게 하심을 감사드립니다.
하루의 시작이 주님에게서 오는 것을 감사드리며
오늘도 주님이 인도하시는 창조의 하루가 되게 하소서.
계획된 일이 주님의 뜻 안에서 이루어지게 하시고
만나는 사람들 속에서 주님의 형상을 드러내게 하소서.
주님과 동행하는 하루가 되게 하소서.
임마누엘의 하나님을 찬양하며
하나님을 높이는 하루가 되게 하소서.
예수님의 이름으로 기도합니다. 아멘.

잠들기 전에 기도하기

일과를 마치고 잠을 잘 수 있다는 것은 감사한 일이다. 하루를 무사히 마친 것 또한 하나님의 은혜이다. 하루를 끝낸 것은 하나님이 도와주시지 않으면 불가능한 일이다. 하루를 되돌아보며 새로운 날을 기다리면서 잠자리에 들도록 하자. 하나님의 품 안에 평안히 거하는 밤이 되도록 간구하는 시간이 되도록 해보자.

하나님의 은혜를 생각하고 감사하며 잠자리에 들면 평안한 밤이 된다. 잠을 자는 시간은 모든 것이 쉼을 얻고 몸의 치유가 일어나는 순간이다. 하루 중 미진했던 일과 풀지 못한 화나 미움, 분노가 있다면 용서하고 회개하는 시간을 갖는 것도 중요하다. 성경은 해가 지기 전에 다 화해하고 하루를 마치라고 권면하고 있다.

은혜의 하나님,
오늘도 하나님의 은혜로
하루를 마치게 하심을 감사드립니다.
이 밤을 평안히 잠들게 하시고
하나님의 사랑을 경험하고
몸의 치유와 회복이 일어나는 밤이 되게 하소서.
오늘 하루 있었던 일 속에서
잘못된 일이 있었으면 회개하오니 용서하소서.

오늘보다 내일이 낫게 하소서.
하나님의 손에 이 몸을 맡기오니 평안히 눕게 하시고
내일 아침에 건강한 몸으로 일어나게 하소서.
악몽을 꾸지 말게 하시고
꿈속에서도 하나님을 만나게 하소서.
예수님의 이름으로 기도합니다. 아멘.

식사하기 전에 기도하기

인간은 음식을 먹지 않으면 하루도 살 수 없다. 그래서 우리는 육의 건강을 위해 하루에 세 번씩 식사한다. 식사한다는 것은 우리에게 음식을 보충해야 한다는 뜻이다. 일상에서 음식을 먹는 일은 매우 중요한 일과이다. 사람은 먹기 위해 산다고 할 정도로 먹는 일은 중요하다. 음식을 먹는 것만큼 음식을 소화시키는 일도 중요하다. 음식을 먹을 수 있다는 것이 감사하지만, 또한 음식을 잘못 먹으면 그것으로 인해 몸에 병이 든다. 음식은 몸을 살리기도 하지만 음식을 잘못 먹으면 독이 되어 몸을 망가뜨리기도 한다. 좋은 음식과 바른 섭취법이 동반되지 않으면 우리의 건강을 유지하기 어렵다.

음식은 하나님이 주신 것이다. 음식에 대한 감사는 가장 본질적인 기도에 속한다. 음식이야말로 하나님이 주신 하늘의 선물이기 때문이다. 음식은 인간이 만들지만 원재료는 자연을 통해 하나님이 주신 것이다. 창조 때 하나님은 인간에게 먹을거리를 주셨다. 모든 인간에게 공평하게 선물로 주신 것이다. 인간은 그것을 먹고산다. 이렇게 보면 음식을 먹으면서 하나님에게 감사기도를 드리는 것은 당연한 일이다. 그런데도 대부분 사람은 감사하지 않고 음식을 섭취한다. 식사기도를 제대로만 해도 하루에 세 번은 항상 기도할 수 있다.

생명되신 하나님,

오늘도 음식을 주신 하나님께 감사드립니다.

일용할 양식을 주신 하나님을 찬양합니다.

오늘 하루도 이 음식에 부끄럽지 않은 삶을 살게 하소서.

음식이 우리를 위해 사명을 다하듯이

우리도 하나님을 위해 헌신하게 하소서.

음식이 잘 소화되게 하시고

그것이 피와 살이 되어 몸을 건강하게 하소서.

음식을 조리한 분에게 은혜를 베풀어주시고

좋은 음식을 만들어 공급하게 하소서.

이 음식을 먹고 하루의 삶이 하나님께 영광되게 하소서.

하나님을 기쁘시게 하며

이웃을 사랑하는 하루가 되게 하소서.

예수님의 이름으로 기도합니다. 아멘.

정오에 기도하기

정오에 드리는 기도는 하루 중에 잠시 멈추어 하나님을 다시 기억하는 시간이다. 오전을 잘 보내게 하신 것을 감사하며, 하루 중에 점검하고 도움을 구할 일이 있으면 이때 점검하는 시간을 가져야 한다. 우리가 일하면서 주님을 생각하지만 잊어버릴 때도 많다. 이런 면에서 정오에 잠시 시간을 내어 기도하는 것은 의미가 있다. 간단한 말씀을 암송하면서 하나님의 은혜를 묵상하는 것도 좋은 방법이다. 하루를 보내며 매 순간 하나님의 임재 가운데 살게 하는 일은 훈련으로 이루어진다.

정오의 기도는 자칫 잊어버리기 쉬운 하나님을 다시 기억하는 의미가 있다. 직장에서 점심시간에 예배를 드리는 때도 있다. 나는 점심시간을 이용하여 직장에서 직장인을 위해 매주 한 번씩 30분 동안 기도와 성경 공부를 하고 있다. 직장에서도 예배하며 교회를 경험하는 일은 신앙생활에 큰 도움이 된다. 가능하면 일주일에 한 번이라도 기도모임을 갖는 것이 좋다.

거룩하신 하나님을 찬양합니다.
오늘 하루 속에 함께하신 하나님께 감사드립니다.
저에게 주신 직장이 하나님의 성소가 되게 하소서.
저에게 은혜를 주시어 이웃에게

그리스도의 이름을 드러내는 하루가 되게 하소서.

예수님의 편지와 향기가 되어

그들에게 복음의 도구로 쓰임받게 하소서.

오늘도 믿음으로 승리하게 하시며

하나님을 사랑하는 마음으로 동료를 사랑하고

일을 잘 처리할 수 있도록 성실함과 지혜를 주소서.

상사와 동료를 잘 섬기게 하시고

회사에 덕을 세우는 사람이 되게 하소서.

예수님의 이름으로 기도합니다. 아멘.

예배드리기 전에 기도하기

그리스도인은 주일에 교회에 가서 예배를 드린다. 하나님을 만나고 성도들과 교제를 나누는 예배는 신앙을 성장시키는 데 중요한 영역이다. 그리스도인은 예배에 성공해야 다른 일도 성공할 수 있다. 하나님과의 관계가 올바르게 서야 이웃과의 관계가 저절로 해결된다.

그렇다면 매주 드리는 예배를 어떻게 하면 성공할 수 있을까? 사탄은 예배를 가장 싫어한다. 사탄은 우리가 어떻게 하든지 예배에 참석하지 못하게 환경을 조성한다. 설령 예배에 참석하더라도 여러 가지 방법으로 시험에 들게 하거나 이런저런 이유로 핑계 대며 은혜받지 못하게 방해한다. 교회 밖 세상에서 사는 삶도 영적 싸움이지만 하나님에게 예배하는 신앙도 영적 전쟁이다.

예배에 승리하려면 예배를 위한 준비기도가 필요하다. 우선 예배를 기다리고 사모하는 마음을 달라고 기도해야 한다. 예배를 준비하는 교회 공동체를 위해 기도하는 것도 필요하다. 은혜는 거저 오지 않는다. 하나님은 겸손하게 자기를 돌아보고 사모하는 사람에게 은혜를 주신다. 이런 점에서 예배를 위한 기도가 필요하다. 매주 예배를 준비하는 대표기도를 한다면 기도생활에도 매우 유익한 훈련이 된다. 온 성도가 예배를 위한 기도를 하고 예배를 드리는 것과 그렇지 못한 것은 차이가 크다.

거룩하신 하나님,

하나님의 이름을 경배하고 찬양합니다.

이번 주에 드리는 예배 가운데 함께하시어

오직 하나님만이 예배를 통해 영광받으시옵소서.

우리가 드리는 예배가

하나님을 기쁘시게 하는 산제사가 되게 하소서.

예배를 준비하는 교회 공동체를 축복하시고 능력을 주시어

하나님이 보시기에 합당한 예배가 되게 하소서.

인간을 즐겁게 하는 예배가 아니라

하나님의 말씀이 선포되고 그 말씀에 응답하고 순종하는

신령과 진정으로 드리는 예배가 되게 하소서.

저의 마음을 새롭게 하여 예배를 통해

하나님을 만나고 인격적인 교제가 이루어지게 하시고

저에게 주신 은혜의 말씀에 아멘으로 받아들이게 하소서.

예배를 통해 하늘 보좌에 앉으신 하나님을 뵈며

하나님의 거룩한 영광과 위엄에 사로잡혀

하나님의 성령으로 충만한 예배가 되게 하소서.

예수님의 이름으로 기도합니다. 아멘.

전도하기 전에 기도하기

전도는 복음을 전해서 생명을 구원받게 하는 일이다. 세상에서 가장 귀한 일을 하나 들라면 그것이 바로 전도이다. 한 영혼을 구원하는 전도는 하나님이 가장 기뻐하시는 일이다. 나에게 가장 귀한 축복은 나도 누군가의 전도로 인해 예수님을 믿은 일이다. 우리는 모두 복음에 빚진 자다. 그런데 복음을 믿는 일은 인간의 힘으로는 안 된다. 사람이 복음을 전하지만 복음을 받아들이는 자는 10분의 1도 안 된다. 극소수만이 예수님을 믿는다. 누구에게나 복음이 전해지지만 그렇다고 해서 아무나 믿는 것은 아니다. 하나님이 인도하시지 않으면 불가능한 일이 전도이다.

결국 전도를 위해 꼭 필요한 일은 기도이다. 인간이 전하고 노력하지만 하나님이 함께하셔야 믿을 수 있기 때문이다. 전도대상자를 위해 꾸준히 기도하고, 전도하기 전에 역시 기도해야 영안이 열려 복음의 진리를 알게 된다. 전도하는 일은 영적인 전투와 같기에 기도로 무장하고, 기도로 하나님의 지혜를 구하는 일이 필요하다. 특히 전도자는 전도하기 전에 전도대상자를 위해 충분히 하나님의 도우심을 구하는 기도를 드려야지만 전도의 열매를 맺을 수 있다.

생명의 하나님,
나를 구원하신 하나님을 사랑하고 찬양합니다.

한 영혼을 사랑하셨기에 내가 구원받은 것을 믿습니다.
오늘도 그 은혜로 살게 하시고
하루를 감사함으로 시작하게 하심을 감사드립니다.

오늘 만나는 전도대상자에게 복을 주시어
진리를 받아들이는 마음과 여건을 열어주소서.
복음을 전할 때 사람의 말이 아닌
하나님의 말씀으로 순적하게 받아들이게 하시고
오늘도 준비된 영혼을 만나 전도의 열매가 맺히게 하소서.

저에게 추수의 즐거움을 체험하게 하소서.
전도받는 사람에게 성령이 도와주셔서 자신을 깨닫고
하나님 아버지를 주인으로 진실하게 받아들이게 하소서
본인에게 구원이 임하는 축복의 시간이 되게 하시고
아울러 가족 모두가 예수님을 믿어
세례받는 역사가 임하게 하소서.

전도할 때 저에게 전도의 입을 열리게 하시어
담대하게 복음을 대상자의 눈높이에 맞게 전하게 하시고
성령의 감동을 받는 시간이 되게 하소서.
예수님의 이름으로 기도합니다. 아멘.

말씀을 읽거나 듣거나 공부하기 전에 기도하기

말씀을 읽고 공부한다고 해서 모두가 은혜받는 것은 아니다. 오히려 걸림돌이 될 수도 있다. 그리고 시험받아 교회를 떠날 수도 있다. 왜냐하면 말씀은 진리이기에 우리에게 죄를 지적하고 잘못을 권면하는 내용이 많기 때문이다. 생각해보라. 죄인 된 인간이 말씀을 읽고 공부하면서 은혜받을 때 위로와 소망을 주는 이야기만 듣게 되겠는가? 오히려 죄를 들추어 지적하고 회개하게 하는 내용이 더 많을 것이다. 이럴 때 잘 감당하지 못하면 시험에 들기 쉽다. 또 어려운 말씀을 이해하고 깨닫는 것은 인간의 힘으로는 불가능하다. 하나님이 도와주시고 성령께서 조명해주시지 않으면 은혜로 다가오기 쉽지 않다.

요한복음 6장 60~71절에 보면 예수님을 따르던 제자들에게 예수님 자신이 생명의 떡이라고 가르치는 장면이 나온다. "내 살을 먹고 내 피를 마시는 자는 내 안에 거하고 나도 그의 안에 거한다"라고 말씀하시며, "이 말이 너희에게 걸림이 되느냐"고 물으시자, 따르던 제자 중 많은 사람이 듣고 어렵다고 하며, 그때부터 예수님을 떠나는 일이 생겼다. 이때 예수님은 열두 제자에게 "너희도 가려느냐?"라고 다시 물으셨다.

말씀을 나의 마음에 듣기 좋은 것만 들으면 걸림이 되고 말씀을 계속 배우지 못한다. 그래서 말씀을 읽고 공부할 때는 말씀을 받아들이는 나의 마음 상태가 중요하다. 성경은 성령의 감동을 받아 쓴 책이기에 성경을 읽고 공부할 때도 동일하게 성령의 감동이 임하지 않으면 성경을 받아들이기 어렵다. 그런 이유로 특히 말씀을 읽고 공부하기 전에는 기도하는 일은 매우 중요하며 꼭 해야 한다.

준비기도 없이 말씀을 읽거나 공부하면 깊은 영적 세계에 들어가지 못한다. 하나님은 겸손한 자에게 은혜를 주시기에 먼저 말씀을 잘 받아들이고 순종하려는 자세를 가져야 한다. 이것을 위해서는 기도가 필요하다. 특히 설교를 들을 때 먼저 기도하는 일은 중요하다. 설교를 듣기 전에 마음속으로 기도하며 간절한 마음으로 받아들이도록 주님의 도우심을 구해야 한다. 그렇지 않으면 들어도 깨닫지 못하고 깨달아도 행하지 않는 믿음이 될 수 있다.

진리와 길 되신 하나님,
우리에게 생명의 말씀을 주셔서 감사드립니다.
말씀을 통해 하나님을 만나게 하시고
하루하루의 삶에 새 힘을 주심을 찬양합니다.

오늘도 하나님의 말씀을 읽고 듣고 공부할 때
내 생각대로 받아들이지 않고
하나님의 마음으로 말씀을 대하게 하소서.
말씀을 들을 때 옥토의 마음으로 받아들여

많은 열매가 맺히게 하소서.

말씀을 듣기만 하지 말고 삶 속에서 실천하게 하소서.
믿음으로 받아들일 수 있는 만큼 받게 하시고
하나님이 알려주시는 대로 순종하게 하소서.
말씀을 통해 성령의 소통을 경험하게 하시고
진리 속에 거하는 즐거움을 얻게 하소서.

말씀 안에서 자유를 얻게 하시고
말씀을 깊게 공부하면서
나 자신을 십자가에 죽이는 체험을 하게 하소서.
그리하여 예수님으로 살아나는 부활의 역사가
말씀을 듣고 배우는 가운데 일어나게 하소서.
예수님의 이름으로 기도합니다. 아멘.

차에 타기 전에 기도하기

이제는 1인 1자동차 시대가 되면서 많은 국민이 자가용으로 출퇴근하거나 일상에서 이동수단으로 사용한다. 하지만 자동차는 자칫 생명을 앗아갈 수 있는 위험성이 도사리고 있기에 언제나 조심해서 운전해야 한다. 한 해 동안 전체 사망자 중 교통사고 사망자의 비율이 가장 높다고 하니 가히 그 파괴력을 짐작할 수 있다. 그런데도 현대사회에서 자동차는 필수다. 시간에 쫓겨 사는 현대인에게 자동차만큼 편리한 교통수단은 없다. 그러니 자동차는 양날의 칼이라 할 수 있다. 바르게 사용하면 이보다 좋을 수 없고, 졸음운전이나 음주운전, 또는 과속운전, 잠깐의 방심 등으로 사고를 낸다면 자신뿐만 아니라 상대방에게도 엄청난 피해를 줄 수 있기에 조심, 또 조심해야 한다.

이렇게 보면 일상에서 운전할 때가 기도가 가장 필요한 영역이라 해도 과언이 아닐 것이다. 차에 타기 전이나 안전띠를 매면서 습관적으로 기도하는 훈련을 해보면 어떨까? 정말 하나님의 도우심이 필요한 시점인데 우리는 당연하다는 듯 언제나처럼 무덤덤하게 운전한다. 운전할 때야말로 하나님의 동행하심을 느끼며 기도하기에 가장 좋은 시간이다. 우리는 운전할 때 매 순간 하나님의 보호하심을 경험하고 주님을 찬양하며 감사하던 때가 얼마나 많은지 모른다.

늘 함께하시는 하나님,

오늘도 하루를 시작하게 하신 주님을 찬양합니다.

건강한 모습으로 하루를 시작하게 하신 주님께 감사드립니다.

오늘 하루도 안전하게 보호하시고 주님의 길을 인도하소서.

특히 제가 운전을 하며 하루를 보낼 때

주께서 운전대를 친히 붙잡아주셔서

제가 볼 수 없는 부분을 보게 하시고

위험한 순간을 막아주시며 선한 길로 인도하소서.

운전대를 주님께 맡깁니다.

저를 사용하여 안전하게 운전하도록 도와주시고

다른 차들이 실수하지 않고 안전하게 운전하도록 인도하시며

마음과 생각과 손과 발을 지켜주소서.

이 자동차가 주님의 일에 사용되는 도구가 되게 하소서.

예수님의 이름으로 기도합니다. 아멘.

일을 결정하기 전에 기도하기

우리는 매일 선택 속에서 살아간다. 하지만 그 선택하는 일이 쉽지 않다. 한 번 잘못된 선택은 인생을 불행하게 할 수도 있고 그 선택에 따른 책임도 져야 한다. 우리 스스로 선택할 수 있는 자유를 주신 것은 감사하지만 우리는 올바르게 선택할 수 있는 능력이 없기에 늘 하나님의 도우심이 필요하다.

인간이 죄를 지었기에 우리의 선택은 늘 잘못된 선택을 할 가능성이 크다. 인간의 욕심과 육신의 즐거움을 위해 선택하면 나중에 후회한다. 이런 때마다 바른 선택을 위한 지혜가 필요하다. 지혜는 하나님이 주시는 선물이다. 인간의 눈은 보이는 일시적인 것을 먼저 선택하지만 하나님의 지혜는 영원까지 내다볼 수 있는 은혜이기에 우리는 이런 지혜를 구해야 한다. 하지만 우리는 일상에서 하나님의 지혜를 구하기보다 자기 경험이나 지식, 그리고 주변 사람들의 권면을 근거로 선택하는 경우가 많다. 그러다 보니 후회를 반복한다.

모든 일의 마지막 선택은 내가 해야 한다. 그때마다 우리는 하나님의 결정을 구하면서 기도하는 일을 잊어서는 안 된다. 급하게 결정하면 잘못될 가능성이 크다. 그럴 때일수록 우리는 선택을 잠시 멈추고 하나님의 뜻을 구하면서 겸손히 기다리는 자세가 필요하다. 우리는 모든 선택에 앞서 하나님의 뜻을 구하는 기도를 해야 한다.

신실하신 하나님, 하나님을 찬양합니다.
오늘 중요한 일을 앞두고 있습니다.
기도하옵기는 어떤 선택이 올바른지
저는 미약하여 잘 모릅니다.
자신의 유익과 사람의 시선을 보기보다는
주님의 나라에 유익이 되는 방향으로
일이 결정되도록 도와주소서.

말씀에 비추어 판단하게 하시고
하나님의 뜻에 맞는 선택을 하게 하소서.
나의 욕심에 의한 결정이 아닌
하나님의 마음에 합당한 결정이 되도록
환경과 사람의 마음을 인도해주소서.

어떤 결정이든지 하나님의 뜻에 합당하다는 확신이 서면
최선을 다해 그것을 지키게 하시고
일을 시작하고 성취하시는 분이 하나님이심을
믿음으로써 평안과 기쁨을 누리게 하소서.
계획한 일이 잘 이루어지도록 실천의 힘을 주시고
지혜와 명철을 주시어 잘 마무리하게 하소서.
예수님의 이름으로 기도합니다. 아멘.

일이 잘 성사되었을 때 기도하기

인생의 실패보다 더 위험한 것은 일이 잘 성사되고 성공할 때 찾아온다. 왜냐하면 그때가 인간이 교만할 수 있는 위험한 시기이기 때문이다. 인간의 교만은 성공했을 때 나타나기 쉽다. 신앙은 일이 잘되었을 때 그가 행하는 모습을 보면 알 수 있다. 모든 것을 자신이 아닌 하나님이 하신 일이라 고백하는 것이 진정한 성공이다.

하나님을 잊어버리면 세상에서 성공한 일이 결국은 실패한 일이 된다. 일이 잘되었을 때 감사기도와 아울러 하나님에게 영광을 돌리는 기도가 필요하다. 그래서 하나님은 인간에게 때로는 성공하고, 때로는 실패하게 하면서 하나님만 바라보게 하신다. 그런데 이것을 인간이 잘 모르고 늘 성공만 바라본다면 그 상태가 위험하다. 곤고할 때는 기도하고 성공할 때는 하나님을 찬양하며 사는 것이 그리스도인의 삶이다. 엄밀히 보면 인간의 힘으로 성공할 수 없다. 성공도 결국은 하나님이 주신 은혜이다. 이것을 알게 하는 게 기도이다.

신실하신 하나님,
지금까지 베풀어주신 사랑에 감사합니다.
하나님의 은혜로 목표한 일을 이루게 하심을 찬양합니다.
잠시의 성공에 만족하지 않고 이 일을 통해
하나님이 이루실 일이 무엇인지 생각하게 하소서.

혹시라도 내가 했다고 자만하지 말게 하시고
하나님의 손길과 이웃의 도움을 기억하게 하소서.

먹든지 마시든지 무엇을 하든지
다 하나님의 영광을 위하여 하라고 말씀하신 것을 기억하여
어떻게 하는 것이 하나님의 이름을 드러내는 일인지
주의하여 살펴보게 하소서.
진정한 성공은 세상에서의 성공이 아니라
주 안에서의 성공이며
이미 나는 천국을 얻음으로써
가장 큰 성공을 얻은 사람인 것을 감사하게 하소서.
하나님이 주신 성공을 사람에게 알게 하시고
이 일을 통해 하나님의 살아계심을 증언하게 하소서.

실패한 자를 돌아보게 하시고
연약한 자를 세우는 데 관심을 두게 하소서.
나도 언젠가는 또 낮아짐을 알고
오늘 주신 성공으로 그들을 위로하게 하소서.
예수님의 이름으로 기도합니다. 아멘.

어려운 상황이 닥칠 때 기도하기

인생을 살다 보면 어려운 상황이 늘 발생한다. 우리는 이것을 해결하기 위해서 다양한 방법을 모색한다. 때로는 주변 사람을 찾아 도움을 구한다. 그래도 안 되면 이런저런 인간적인 방법을 사용한다. 이때 유혹에 넘어가서 잘못된 일을 저지르기도 한다.

그렇다면 그리스도인은 어떻게 해야 할까? 이때 필요한 게 기도이다. 기도는 문제를 해결하는 열쇠다. 하나님에게 엎드려 간절히 기도하며 하나님의 도움을 구해야 한다. 자기의 부족함을 먼저 아뢰고 죄를 회개해야 한다. 그렇게 되면 문제의 본질이 보인다. 대부분 욕심으로 비롯된 경우가 많다. 걱정해도 되지 않을 일을 시작하고서 어려움을 당하는 때도 있다. 이런 것을 깨닫는 일은 쉽지 않다. 하지만 기도 시간을 가지면 문제의 해결점이 의외로 쉽게 보인다. 자기 욕심을 내려놓고 하나님의 마음을 읽다 보면 복잡한 문제가 쉽게 해결된다.

어려운 상황이 닥칠 때가 바로 하나님께 기도하기에 적절한 시간이다. 인간의 힘으로 안 되는 상황에서 꼭 필요한 일이 기도이다. 모든 곳에 뛰어나신 하나님의 마음과 생각으로 문제를 새롭게 바라보면 한 번에 문제가 풀린다. 어려운 상황에서 기도할 수 있는 것은 우리에게 주신 큰 축복이다. "할 수 있거든이 무슨 말이냐. 믿는 자에게는 능히 하지 못할 일이 없느니라"(막 9:23)고 하신 말씀처럼 주님의 관점을 가지면 문제가 새롭게 보이고 해결점이 있다.

구원의 하나님,
우리를 선한 길로 인도하시는 주님을 찬양합니다.
지금 닥친 어려움을 어려움으로 보지 말고
고난 속에 숨겨진 주님의 뜻을 보게 하소서.
이 어려움을 통해 나 자신의 잘못을 돌아보게 하소서.
주님을 떠난 삶을 회개하고 주님만 의지하게 하소서.

고난 겪음이 내게 유익임을 알게 하시고
이 일을 통해 주님의 말씀을 배우게 하소서.
닥친 문제를 인간적인 방법이 아닌
주님의 선한 방법대로 풀어나가게 하소서.

하나님의 세미한 음성을 듣게 하시고
그 속에서 하나님의 손길을 보게 하소서.
의인은 오직 믿음으로 사는 것을 믿으면서
나의 구원이 오직 하나님에게서 오며
하나님이 이루심을 확신하게 하소서.

이 어려움을 통해 하나님은 어떤 분이신지 깊게 알게 하소서.
그 믿음으로 고난을 이기게 하소서.
예수님의 이름으로 기도합니다. 아멘.

외롭고 고독할 때 기도하기

많은 사람과 같이 어울릴 때는 고독한지 잘 모른다. 그러나 어느 날 갑자기 혼자 남았다는 생각이 들고 외로울 때가 있다. 많은 사람 앞에서 공연하고 박수갈채를 받는 연예인이나 유명인사 중에는 공황장애를 앓는 사람이 많다. 많은 사람이 같이 있다가 한순간에 떠나가고 혼자 남아 있다 보면 갑자기 고독해지고 외로움을 이기지 못해 술이나 마약 등에 손을 대는 예도 있다.

그러나 어려움을 술이나 다른 것으로 채우려 하는 것은 어리석은 짓이다. 육은 육이고 영은 영이다. 육적인 것을 영으로 채울 수 없다. 마음의 고독함은 물질적인 것으로는 힘들다. 마음의 고독은 영혼의 문제다. 그 순간이야말로 하나님을 만나는 최적의 순간이다. 모든 사람은 잠시 있다가 사라지는 존재들이다. 거기에 희망을 두고 살 수는 없다. 우리는 영원한 주님을 바라보고 살 때 진정한 평화를 찾을 수 있다.

욥은 한순간에 세상의 모든 것을 잃었다. 자녀들과 재산은 순식간에 사라졌고 아내와 친구들은 비난하고 정죄하며 떠났다. 결국 욥은 홀로 남게 되었다. 그러나 고독하고 외로운 순간에 하나님이 찾아오셔서 욥과 대화를 나누셨다. 결국 욥은 하나님을 만남으로써 위기를 극복하고 더 큰 믿음으로 나아가는 은혜를 얻을 수 있었다.

때때로 인생이 무상하고 헛되다는 생각이 들 때마다 온전하신 하나님께 기도하면 위로를 얻고 문제가 아주 작게 보인다. 기도를 통해 죽어도 주를 위하고, 살아도 주를 위하는 심정으로 모든 것을 받아들이면 놀라운 축복이 임하게 된다. 인간은 고독하고 외롭기에 하나님을 찾고 기도하게 되는 것이다. 고독하고 외로울 때가 바로 하나님께 가까이 갈 수 있는 최고의 기회이자 적합한 기도의 시간이다.

사랑의 하나님,
오늘도 저와 동행하시는 하나님을 찬양합니다.
모든 일이 헛되다고 생각하며
하루하루를 사는 일이 의미가 없다고 느껴지는
우울증에서 벗어나게 하소서.
갑자기 고독하고 외롭다는 생각에
나도 모르게 연약해지는 모습을 불쌍히 여겨주소서.
이럴 때일수록 하나님을 더욱 신뢰하고
오직 하나님만이 나의 반석이자 구원이심을 믿게 하소서.

외로움과 고독함은
하나님보다 자신을 의지하는 데서 오는,
하나님을 믿지 못하는 불신임을 알게 하시고
더욱더 하나님을 깊게 묵상하는 기회가 되게 하소서.

하나님 한 분으로 만족하는 법을 터득하게 하소서.
다른 사람과 비교하지 말게 하시고
나에게 주신 은혜와 사명에 집중하게 하소서.

작은 일에 충성하고, 그 일을 통해 이루시는
하나님의 큰일을 기대하게 하소서.
예수님의 이름으로 기도합니다. 아멘.

걱정과 염려가 생길 때 기도하기

사람에게는 늘 걱정과 염려가 있다. 그 걱정과 염려의 끝은 죽음이다. 이러다가 죽지 않을까 생각한다. 인간은 연약하다. 모든 것을 할 수 있을 것처럼 살다가도 누군가의 장례식에 다녀오면 한없이 나약함을 느낀다. 또한 일이 잘 안되거나 몸이 아프면 걱정과 염려에 사로잡힌다. 성경은 아무것도 염려하지 말고 하나님께 모든 것을 맡기라고 말씀하지만 실상은 쉽지 않다. 이때마다 우리는 믿음 없음을 회개하며 믿음을 구한다.

내일의 모든 일은 하나님의 손안에 있다. 엄밀히 말하면 인간이 염려한다고 문제가 해결되는 것이 아니다. 염려는 하나님께 맡기지 못하기 때문에 생기는 문제이다. 하나님을 온전히 믿는다면 걱정할 필요 없다. 하지만 그런 사람은 별로 없다. 그렇기에 우리는 기도를 통해 하나님과의 관계를 회복하고 염려에서 벗어나야 한다. 기도할 수 있다면 염려는 크게 문제가 안 된다. 그것이 기도의 힘이다.

시편에 보면 걱정과 염려를 이기는 기도가 많이 수록되어 있다. 그 기도를 사용하면 인간적인 염려를 이길 수 있다. "하나님은 우리의 피난처시요 힘이시니 환난 중에 만날 큰 도움이시라. 그러므로 땅이 변하든지 산이 흔들려 바다 가운데에 빠지든지 바닷물이 솟아나고 뛰놀든지 그것이 넘침으로 산이 흔들릴지라도 우리는 두려워하지 아니하리로다"(시 46:1-3).

선하고 좋으신 하나님,
그동안 하나님이 베풀어주신 은혜에 감사드립니다.
많은 은혜를 받고 지금까지 살아오고 있음에도
인간의 연약함이 드러날 때가 많습니다.
갑자기 미래를 생각하면 불안하고 걱정이 됩니다.
그것으로 하루가 평화롭지 못합니다.

불확실한 일자리와 이루어 놓은 것이 없는 상태에서
앞으로 살 일을 생각하니 나도 모르게 마음이 불안합니다.
어떤 상황에 부닥치더라도 하나님을 믿는 믿음으로
평화와 즐거움을 얻기 원합니다.
믿음으로 의롭게 되고 구원을 주신 일이
얼마나 큰 은혜인지 잘 모르다 보니
나도 모르게 연약해지는 것 같습니다.

성령의 감동으로 사로잡아 주시어
주님이 주신 구원이 얼마나 큰 은혜인지 알게 하시고
그 믿음으로 걱정과 염려를 이기게 하소서.
먹고사는 일을 채워주시는 하나님의 신실하신 사랑을
믿고 따르게 하소서.
예수님의 이름으로 기도합니다. 아멘.

실패했을 때 기도하기

인생을 살다 보면 늘 성공할 때만 있는 것이 아니다. 오히려 실패할 때가 많다. 우리는 실패할 때 좌절하고 어찌할 바를 모른다. 많은 스트레스를 받고 괴로워한다. 하지만 이때야말로 새롭게 시작하고 준비하는 좋은 기간이다. 기도를 통해 하나님에게 나아가며 하늘의 지혜를 구하는 유익이 있다. 크리스천은 구원받은 순간 세상에서 더는 실패는 없다. 이미 성공자이다. 천국까지 보장받았다. 이런 믿음을 가진다면 이 세상에서 무엇도 두렵지 않다. 그러나 인간은 막상 실패하면 좌절하고 힘들어한다.

이때 구원받은 성도들은 하나님을 더욱 신뢰하며 하나님의 뜻을 찾는 것이 중요하다. 모든 실패는 하나님에게 다가서기 위한 하나님이 주신 기회다. 자기 힘으로 할 수 없다는 사실을 인정하고 새롭게 하나님의 방식대로 살아간다면 오히려 실패는 하나님이 주시는 축복이 된다. 실패는 자신을 진솔히 보게 하고 안 보이던 하나님을 보이게 만든다. 우리는 실패를 통해 하나님을 보는 영안이 열리고 진리가 깨달아진다. 이때 드리는 기도는 살아 있고 능력 있으며 오직 하나님만 향하는 유익이 있다.

능력의 하나님,
주님이 행하신 일을 바라보며 찬양합니다.

내 뜻대로 실천했지만

목표를 이루지 못하고 실패한 저를

다시 일으켜 세워주소서.

실패는 하나님의 선한 과정임을 알게 하시고

실패를 통해 나의 무력함을 깨닫게 하소서.

그렇게 함으로써

더욱더 능력의 주님을 따라가게 하소서.

내 생각과 내 뜻대로 살면 사망의 길이지만

주님의 뜻을 좇아 살면 영생과 평안이라고 하셨습니다.

이런 실패를 통해 내가 앞으로

살아가야 할 길이 어떤 길인지 알게 하소서.

실패하더라도 주님을 따르다 실패하게 하소서.

잠시 실패는 있지만 영원한 실패는 없음을 믿고

실패를 겪으면서 인내와 연단과 소망을 갖게 하소서.

하나님의 위대하신 능력을 경험하게 하시고

실패의 과정을 통해

겸손함과 삶의 지혜를 배우게 하소서.

예수님의 이름으로 기도합니다. 아멘.

화가 날 때 기도하기

인간의 삶은 다른 사람들과의 관계 속에서 이루어진다. 관계가 잘 이루어지지 않으면 화를 내면서 자기 의를 드러내는 게 인간의 모습이다. 나의 마음에 안 들 때나 다른 사람에게 모욕적인 말을 들었을 때 우리는 화를 낸다. 그러나 화를 내는 것은 하나님의 의를 이루지 못하는 죄악이다. 자기가 의롭다는 표현이다. 이것은 자존심을 상하게 했을 때 많이 나타난다. 화를 내는 일은 상대방을 미워하는 것이자 상대방을 무시하는 행위이다. 은혜로 사는 그리스도인은 모든 것을 거저 받았다. 설령 내가 손해를 본다고 하더라도 그것은 거저 받은 것에서 당하는 손해이기에 화낼 필요는 없다.

엄밀히 따지면 그것은 화낼 일이 아니다. 그 일을 통해 나의 것이 하나도 없고 주님한테서 온 것임을 인정하면 화를 멈출 수 있다. 모든 화는 자기중심에서 나오는 행동이다. 하나님을 인식하면 화가 나지 않는다. 화가 날 때마다 주님을 생각하고 기도하는 일이 필요하다. 하나님이 인간의 죄악을 보고 화를 내셨다면 현재 인간은 세상에 존재하지 않았을 것이다. 오래 참고 기다리시는 하나님을 바라보며 우리도 이런 성품을 닮아가야 하겠다. 화는 순간적으로 찾아오기에 기도하는 일이 쉽지 않다. 하지만 마음으로 잠시 멈추고 기도한다면 화를 이길 수 있고 더욱 은혜의 사람이 될 수 있다.

자비로우신 하나님,

주님의 인자하심과 선하심을 찬양합니다.

값없이 용서함과 사랑을 받았고

천국을 선물로 얻었는데

저의 모습은 여전히 연약합니다.

아직도 작은 일에 발끈하며

하나님과 다른 사람들에게

은혜를 나타내지 못하는 부족함을 용서하소서.

화를 낸 후에는 늘 후회하면서도

잠깐의 감정을 제어하지 못하고

또 감정의 노예가 되는

어리석은 모습을 발견합니다.

화를 낸다는 것은

아직도 내 안에 나의 의가 존재하며

그것으로 이웃과 세상을 바라본다는

문제를 가지고 있음에도

그 잘못을 아직도 깨닫지 못하고

나의 의를 드러내고 하나님의 의를 드러내지 못하는

잘못을 용서해주소서.

형제의 작은 허물을 보면서
나의 큰 허물을 보게 하소서.
그런 나를 용서해주신 사랑에 더욱 감사하며
그런 사랑의 눈으로
이웃과 세상의 잘못을 보게 하소서.

악한 모습에 대해서는 거절하고 닮지 말게 하시되
그것을 내가 앞장서서 화를 내며 정죄하지 말게 하소서.
하나님의 오래 참으심으로 화를 이기게 하소서.
예수님의 이름으로 기도합니다. 아멘.

시기심이 생길 때 기도하기

죄인 된 인간은 누구든지 자기중심적이다. 모든 일을 자기중심에서 생각하는 습성이 있다. 자기가 남보다 낮아지는 것을 참지 못한다. 이런 사람은 비교하는 습관이 있다. 언제나 자기가 이겨야 직성이 풀린다. 다른 사람이 잘되는 꼴을 못 본다. 다른 사람과 더불어 살아가는 것보다 다른 사람이 안 되는 것을 즐거워한다. 이런 사람은 상대방의 흠을 들추어 그것을 험담하기 좋아한다. 특히 경쟁관계에 있는 사람에 대해서는 더 부정적으로 보고 단점만 이야기한다.

이것은 위험하다. 나중에는 더 큰 죄를 지을 수 있다. 가인과 사울이 대표적인 예다. 가인은 하나님이 동생인 아벨의 제사만 받으시고 자신의 제사를 받지 않으시자 시기하여 아벨을 죽이고 말았다. 시기심에 분을 참지 못하고 인류 역사상 최초의 살인자가 된 것이다. 사울은 다윗이 잘되는 것을 시기하여 죄 없는 다윗을 죽이려고 한평생 다윗을 쫓아다녔다. 시기심은 사람을 파멸하게 한다.

우리 안에 숨어 있는 시기심을 제거하는 일은 쉽지 않다. 이것을 해결하기 위해서는 자신의 존재를 바르게 보는 훈련이 필요하고, 이웃을 사랑하는 마음이 임해야 한다. 기도를 통해 좋은 마음을 소유하도록 힘써야 한다. 이웃을 시기하거나 미워하는 것은 이웃을 내 몸과 같이 사랑하라고 하신 말씀의 의미를 깊게 생각하지 못해서다. 인간관계 속에 이런 모습이 없는지 늘 생각하며 기도를 통해 사랑과 겸손의 자세를 갖도록 해야 한다.

자비로우신 하나님,
주님의 넓은 사랑과 진실하심을 찬양합니다.
하나님의 사랑이 없으면
현재의 나는 존재하기 어려웠을 것입니다.

주님의 무한한 사랑과 참으심으로
나를 여기까지 오게 하신 은혜를 감사합니다.
그런데도 저는 여전히 시기심이 남아 있습니다.
이웃의 성공을 보면서 같이 즐거워해주지 못하는
마음을 제거해주소서.

이웃과 함께 울고 웃는 지체의식을 주소서.
나보다 남을 낮게 여기고
내 유익보다 남의 유익을 먼저 생각하는 마음을 주소서.
각자의 다름을 인정하고 그것이 시험거리가 되지 않게 하소서.
평가는 하나님 앞에서 각자가 받는 것임을 기억하여
오히려 이웃을 세우고
나보다 더 큰일 하는 것을 즐거움으로 삼게 하소서.

주님으로 만족하지 않으면

세상의 부와 성공에 대해 부러워하며 시기하게 됩니다.

이웃의 성공이 곧 나의 성공이며

나의 성공은 이웃을 위해 바쳐질 때

진정한 성공으로 태어남을 알게 하소서.

예수님의 이름으로 기도합니다. 아멘.

비판하고 싶을 때 기도하기

정의와 공의로 판단하시는 분은 오직 하나님 한 분밖에 없다. 인간은 판단할 수 있는 자격이 없다. 인간의 내면까지 보시는 분은 오직 하나님뿐이다. 인간이 보는 것은 언제나 제한적이기에 그것이 옳다고 말할 수 없다. 그런데도 인간은 다른 사람의 행동을 보고 쉽게 판단한다. 외적으로 나타난 결과를 판단 근거로 삼지만 그것은 극히 제한적이다. 그 사람의 속사정과 환경을 아시는 분은 오직 하나님뿐이시다. 인간은 그야말로 일부분만 알고 있는데, 이것을 판단하면 그 사람이 도리어 판단하는 죄를 짓게 된다.

이런 것을 안다면 쉽게 판단하지 말고 하나님에게 맡기는 것이 현명하다. 판단하고 싶을 때마다 먼저 기도하면서 자신의 허물을 돌아봐야 한다. 다른 사람의 작은 허물만 보이고, 자신의 큰 허물을 보지 못하는 것이 인간이다. 기도는 이것을 영적으로 보게 한다. 남을 판단하고 비판하기 전에 충분한 기도 시간을 갖는 게 죄를 짓지 않는 비결이다. 이것은 처지를 바꾸어 생각하면 충분히 해결할 수 있다.

진리와 길 되신 하나님,
변함없고 신실하신 하나님을 찬양합니다.
주님은 죄를 지은 인간을 위해 자기 목숨을 내주셨습니다.
그런데 우리는 다른 사람의 죄를 보고서 분노하지만

그보다 자기 내면을 바라보며
더 큰 죄를 회개하게 하소서.

자기의 잘못을 보기보다 이웃의 잘못을 보며
비판하는 죄악 된 인간의 특징을 물리쳐주소서.
진정한 재판관은 하나님이심을 믿고
너무 억울하고 힘들 때는 하나님께 맡기게 하소서.
비판하는 그 비판이
나중에는 내가 받게 될 것을 알게 하시고
그를 불쌍히 여기며 오히려 선대하게 하소서.
그리고 잘못에서 벗어나도록 기도하게 하소서.

인간은 늘 잘못할 수 있음을 알고
잘못을 저지른 사람이
하나님에게 더 가까이 가는 은혜를 주소서.
계속해서 악을 행하지 않게 하시고
선을 따라 살게 하소서.
예수님의 이름으로 기도합니다. 아멘.

인간관계가 힘들 때 기도하기

　우리는 대부분 사람과 만남으로 시간을 보낸다. 집과 일터에서 가족과 친구, 직장동료들과 시간을 보낸다. 다양한 사람들과 관계를 맺고 살아가는데, 그들과 항상 좋은 관계를 맺고 사는 것은 어렵다. 왜냐하면 그들은 나와 다른 성품을 가졌기 때문이다. 인간관계는 상대방을 이해하고 자신을 이해하는 능력에 따라 결정된다. 일터에서 늘 만나는 사람과의 사이가 좋지 않으면 직장생활이 힘들다. 행복하지 않고 아울러 많은 스트레스를 받게 된다. 그것이 심하면 병이 들거나 사망에 이를 수도 있다.

　인간관계가 힘들면 하루하루가 고역이다. 이것을 해결하는 가장 좋은 방법이 기도이다. 기도는 관계를 회복하는 지름길이다. 인간관계를 해결하는 가장 중요한 열쇠는 내가 변하는 것이다. 기도를 통해 내가 변하면 대부분 인간관계는 정상적으로 돌아온다. 내가 변하는 과정에서 하나님은 상대방을 은혜로 변화시켜주신다. 하나님은 다윗을 힘들게 한 사울과의 관계를 다윗을 성숙시키는 기회로 삼고 훈련하셨다. 그처럼 인간관계를 해결하기 위해 갖는 기도 시간은 나를 새롭게 만드는 하나님의 연단의 시간이다.

　　사랑의 하나님,
　　우리를 사랑하시고 여전히 자비를 베풀어주시는

하나님의 은혜를 찬양합니다.

사람과의 관계가 힘든 것은
죄 때문임을 알게 하시고
사람을 미워하기보다
사람을 지배하는 죄를 대적하게 하소서.
좋은 인간관계를 맺는 방법을 터득하게 하소서.
눈에 보이는 것만 보지 말게 하시고
사람의 중심을 보면서 교제하게 하소서.

나의 처지에서 상대방을 보지 말고
주님의 관점에서 상대방을 보게 하소서.
불편한 사람을 미워하지 말고 불쌍히 여기게 하소서.
하나님을 사랑하는 힘으로 이웃을 사랑하게 하시고
먼저 이웃을 섬기고 존경하게 하소서.

약점만 보지 말고 숨은 강점을 찾아
그것을 격려하고 칭찬하게 하소서.
선으로 악을 이기게 하시고
인내로 사람을 대하되 주께 하듯 하게 하소서.
예수님의 이름으로 기도합니다. 아멘.

자존심이 상했을 때 기도하기

사람이 가장 화날 때는 자존심이 상할 때다. 인격 모독적인 얘기를 들으면 그것을 참지 못하고 화를 내거나 나도 같이 비난을 퍼붓는다. 이것은 주변에서 많이 발견하는 모습이다. 인격을 무시하거나 함부로 대하면 우리는 그때 상처를 입고 상대방에게 보복하려 한다. 만약 이런 경우에 같이 대항하면 그것은 같이 죄를 짓는 것이다. 이럴 때 우리는 잠시라도 기도의 힘으로 그것을 이길 수 있다. 물론 스스로 하기란 쉽지 않다. 순간적으로 감정이 상하면 화가 나기에 그것을 절제하는 것은 인간의 힘으론 어렵다. 이때 잠시 행동을 멈추고 기도할 수 있다면 이것처럼 좋은 일은 없다. 적어도 이렇게 하려면 꾸준한 훈련이 되지 않으면 힘들다.

다윗과 나발의 이야기는 우리에게 좋은 교훈을 준다(삼상 25장). 나발은 양을 많이 가진 부자였다. 다윗은 예전에 나발에게 해를 끼치지 않기 위해 육백 명의 군사들에게 각별한 주의를 시키었고, 사막에서 방황하는 무리에게 도적질당할 위기에서 그를 구해준 적이 있었다. 한마디로 나발은 다윗에게 은혜를 입은 자였다. 그런 나발이, 사울에게 쫓겨 광야에서 방황하며 굶주린 다윗이 음식을 청하기 위해 보낸 소년 열 명에게 심한 모욕을 주고 거절하여 돌려보낸 것이다. 이 소식을 들은 다윗은 자존심이 상하여 화를 참지 못하고 부하들에게 나발의 모든 것을 진멸하도록 지시했다. 그때 나발의 부인이었던 아비가일이 다윗 앞에 급히 달려와 엎드려 다윗의 충동적인 죄를 가로막아 다윗이 겨우 죄를 범하지 않을 수 있었다. 순간적으로 일어난 일이었다. 오늘 우리도 이런 상황이었다면 다윗처럼 행동했을 것이다. 그러나 아비가일의 행동은 자존심을 이기는 기도의 모형을 그대로 보여준다.

긍휼하신 하나님,
나를 사랑하시되 끝까지 사랑하시고
나의 체질을 알고 감싸주시는 주님을 찬양합니다.
살아가면서 나의 자존심을 상하게 하는
상대방 때문에 힘들 때가 있습니다.
이때마다 나를 이기지 못하고 분을 냅니다.
이것은 아직 내가 새 사람으로서
삶을 이해하지 못한 죄임을 깨닫게 하소서.

저의 옛사람은 이미 십자가에 못 박아 죽었습니다.
지금의 나는 그리스도 안에서 거듭난 새 사람입니다.
상처를 입히고 자존심을 건드는 일을 당할 때마다
미워하는 마음을 갖기 쉬운데, 이때마다
그리스도 안에서 새롭게 된 피조물로서 나를 보게 하소서.
그것으로 상처를 받는 것은

새 사람이 아닌 옛사람인 것을 깨닫게 하소서.

오 리를 가고자 하면 십 리를 함께 가라는
산상수훈의 사랑을 배우게 하소서.
그럴수록 더 큰 사랑으로
나의 자존심을 상하게 한 사람을 감싸게 하소서.
예수님이 자존심을 버리고
십자가를 지신 것을 본받게 하소서.
이제부터 자존심으로 살지 말고
십자가의 사랑으로 살게 하소서.
예수님의 이름으로 기도합니다. 아멘.

에필로그

기도의 최고봉은 주님 자신이다

혹시 기도가 힘들거나 번거롭고 귀찮다고 생각해본 적이 있는가? 그렇다면 내가 지금 기도할 수 있다는 것이 얼마나 놀라운 특권인지 감사하고 감격해본 적이 있는가? 만약 이런 감격이 마음으로 다가온다면 그 순간부터 기도는 즐거움이 된다. 그리고 기도를 멈출수 없게 된다. 기도는 아무나 할 수 있는 것이 아니다. 오직 하나님의 자녀에게만 주신 특권이다. 주님을 믿으면 성령께서 내 안에 들어와 나로 더불어 하나님과 교제할 수 있게 하신다. 이것이 우리의 기도이다. 성령을 선물로 받지 않으면 누구도 기도할 수 없다.

하나님을 "아빠 아버지"라고 부를 수 있는 것은 아무에게나 주어지는 특권이 아니다. 오직 예수님을 영접한 사람에게만 주어지는 특권이다. 하나님을 아버지라고 부르면서 친밀한 대화를 나눌 수 있는 것 자체가 기적이자 큰 은혜다. 아무리 힘들어도 언제나 나의 기도를 들어주시는 하나님 아버지가 존재하고, 언제나 기도할 수 있다는 사실만으로도 우리는 이미 행복한 사람이다.

나의 기도를 들으시고, 언제라도 교제하며, 어떤 것도 나눌 수 있는 인격적인 하나님이 항상 나와 함께하신다는 사실은 세상 어떤 축복보다 귀하고 복된 일이다. 설령 하나님이 나의 기도에 오랫동안 침묵하신다 해도 기도를 통해 계속 관계를 맺고 살아가는 것 자체가 감사한 일이다. 그렇기에 나와 하나님과의 관계가 튼튼하면 나머지는 큰 문제가 안 된다.

기도란 무엇일까? 기도는 하나님과 친밀한 관계를 맺는 일이다. "쉬지 말고 기도하라"는 말씀을 하나님과 끊임없이 교제하라는 의미로 생각한다면 이것은 너무나 공감되는 말씀이다. 우리가 기도를 통해 하나님께 점점 더 가까이 다가서면 하나님은 우리 안에서 그 존재가 점점 더 커질 것이다. 이것이 우리가 기도하는 목적이다.

"너희가 내 이름으로 무엇을 구하든지 내가 행하리니 이는 아버지로 하여금 아들로 말미암아 영광을 받으시게 하려 함이라. 내 이름으로 무엇이든지 내게 구하면 내가 행하리라"(요 14:13-14).

"너희가 내 안에 거하고 내 말이 너희 안에 거하면 무엇이든지 원하는 대로 구하라. 그리하면 이루리라"(요 15:7).

예수님의 이름을 믿고 의지하면서 기도하면 무엇이든지 이루어
진다. 그리스도 안에서 기도하는 것을 하나님께서 모두 이루신다는
사실은 정말 놀라운 일이다. 이것은 우리가 기도하는 소원과 제목들
은 늘 달라지고 변하지만 그것을 들으시는 하나님은 항상 변하지 않
으시는 분이라는 의미가 들어 있다. 설령 우리의 기도가 지금은 이
루어지지 않더라도 우리가 믿음을 저버리지 않는다면 언젠가는 꼭
응답해주신다는 뜻이다. 우리가 섬기는 하나님은 하신 말씀을 꼭 지
키는 신실하신 분이기 때문이다. 우리는 늘 이런 믿음을 갖고 기도
해야 한다.

그렇다면 어떻게 기도해야 할까? 지금까지 이 책에서 그 방법에
관한 이야기를 다양하게 독자들과 나누었다. 하지만 중요한 것은 방
법이 아니라 그 방법을 통한 하나님과의 관계이다. 다양한 기도 방
법을 통해 하나님과 친밀하게 교제를 나눈다면 그 자체가 소중한 경
험이다. 이런 기도를 통해 하나님에 관한 생각과 시각이 달라지고,
언제 어디서나 기도하는 일이 이전보다 많아졌다면 그것으로 이 책
의 역할은 충분하다. 기도 방법을 통해 하나님의 존재가 더욱 크고
넓게 느껴지기를, 하나님을 더 선명하게 느껴지기를 소망한다.

우리가 기도하고 소원하고 응답받았던 세상의 것들은 결국 다
사라지고 만다. 남는 것은 오직 주님뿐이다. 기도의 마지막은 주님

의 이름만 남는다. 5천 명을 먹이신 떡과 물고기의 기적이 오늘 이후 멈춘다 해도 이제는 생명의 떡이요 영생의 말씀이신 주님을 보고 "주여 우리가 누구에게로 가오리이까" 하고 고백한 베드로 같은 축복이 모두에게 임하기를 기도한다.

우리가 기도를 통해 귀신이 항복하고 그들을 쫓아낸 것으로 인하여 기뻐하지 말고, 우리가 예수님의 이름을 믿음으로써 하늘에 나의 이름이 기록된 것으로 인하여 기뻐하자. 그래야 기도하다가 "그리 아니하실지라도" "없을지라도" "그런데도"의 상황이 생겨도 쉬지 않고 기도하고, 항상 낙심하지 않고 죽는 순간까지 기도할 수 있다. 우리의 기도 목표는 주님을 끝까지 신뢰하며 그것으로 감사하는 일이다. 주님의 평강과 은혜가 모두에게 임하기를 기도한다.

기도는 다른 사람들의 기도문을 통해 배우는 것도 한 가지 좋은 방법이다. 그래서 이 책에서는 기도를 처음 배우는 초신자들을 위해 신앙 위인들이 생활 속에서 직접 드린 기도문을 특별히 수록했다. 이 기도문들을 차근차근 익히다 보면 어느새 제 목소리로 기도하는 자신을 발견하게 될 것이다. 그날이 속히 오기를 소원한다.

위인들의 생활기도문

: 신앙 위인들이 생활 속에서 직접 드린 기도문

회개의 마음을 주소서

주 하나님, 영원하신 하나님이시여!

당신의 거룩하고 장엄한 보좌 앞에서

우리가 가련한 죄인들임을 고백하며

진정한 마음으로 인정합니다.

우리는 태어날 때부터 허물과 부패를 안고 나옵니다.

우리는 악한 것을 행하기를 좋아하며

온갖 선한 일을 하기에 자격이 부족합니다.

사악한 우리는 끊임없는 당신의 거룩한 계명을 범했습니다.

그러므로 당신의 의로운 심판이

우리에게 멸망과 저주를 선고하심이 정당합니다.

그러나 주님!

당신에게 계속 죄를 지어온 우리를 생각할 때

마음이 매우 불쾌합니다.

진정 뉘우치는 마음으로 우리 자신과 우리의 악함을 저주하면서
주의 은총이 재난 속에 빠진 우리를 지탱해주소서.

지극히 복되며 자비가 충만하신 아버지 하나님!
당신의 아들 우리 주 예수 그리스도의 이름으로
우리를 긍휼히 여겨주소서.
우리의 악과 흠을 없애주시고
날마다 성령의 은사를 넘치도록 부어주셔서
우리의 온 마음으로 우리의 불의함을 깨닫게 하시고
우리의 마음이 불쾌함으로 가득하게 하소서.

그리하여 진정한 회개의 마음이 싹트게 하시며
온갖 죄들을 범한 우리의 지체를 죽이사
우리 안에서 우리 주 예수 그리스도를 힘입어
주께 합당한 의와 순결의 열매가 열리게 하소서.

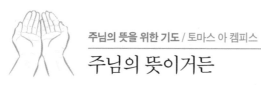

주님의 뜻이거든

주여, 이것이 만일 당신의 뜻이거든
당신의 뜻대로 이루어지게 하소서.

주여, 그렇게 되는 것이 당신을 영광되게 한다면
당신의 이름으로 그렇게 되게 하소서.

주여, 만일 당신께서 그것을 좋다고 보신다면
그것이 나에게도 유익하게 해주시고
내가 당신에게 영광되게
그것을 사용할 수 있도록 해주소서.

그러나 만일 그것이 나에게 해로울 것이고
내 영혼의 건강에 유익하지 않으리라고 여기신다면
그러한 소원은 어떤 것이든 나에게서 앗아가주소서.

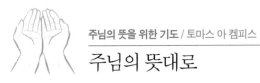

주님의 뜻대로

오, 주여!
내가 알아야 할 것을 알게 하시고
내가 사랑해야 할 것을 사랑하게 하시며
당신을 가장 기쁘게 하는 일을 찬양하게 하시고
당신이 보시기에 값진 것을 가치 있게 생각하게 하시고
당신께 거슬리는 일을 미워하게 하소서.

내 눈에 보이는 대로 판단하게 하지 마시고
무지한 인간의 귀에 들리는 대로 말하지 말게 하시고
눈에 보이는 영적인 것 사이에서
참된 판단을 분별 있게 내리도록 하시며
무엇보다도 항상 당신의 뜻이 무엇인지,
정말로 즐거운 것인지를 묻게 하소서.

모두 아십니다

사랑하는 아버지시여!

나는 당신의 수중에 있습니다.

나는 당신 징계의 채찍 아래 몸을 구부립니다.

나의 등과 목을 때리시어

나의 사악함을 당신의 뜻대로 바로잡아 주소서.

당신께서 잘하시는 것처럼

내가 충직하고 겸허한 당신의 제자가 되게 하시어

거룩한 당신의 뜻에 따라 살아가게 해주소서.

당신께 나 자신과 나의 전부를 맡기오니 바로 잡아주소서.

후세에 가서 벌 받는 것보다는

현세에서 벌 받는 것이 훨씬 낫습니다.

당신은 만사를 전체적으로 아실 뿐 아니라
개별적으로도 아시므로 사람의 마음속에는
당신에게 숨길 수 있는 것이 아무것도 없습니다.

당신은 만사가 착수되기도 전에
이미 앞으로 어떻게 될 것인지를 아시므로
어느 사람도 당신에게 가르쳐드릴 필요가 없고,
이 세상에서 진행되고 있는 일들에 관해서
당신에게 결코 할 필요도 없습니다.

당신은 내가 영적으로 발전하는 데 있어
무엇이 긴요한지 아시고
아무리 가혹한 환란일지라도
내 죄의 녹을 벗겨 내는 데는
도움이 된다는 사실도 아십니다.

당신은 누구보다도 나를 잘 아시므로
당신께서 원하시는바 뜻대로 나를 처리하시고
나의 죄 많은 삶 때문에 나를 경멸하지 마소서.

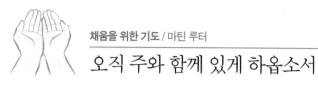

오직 주와 함께 있게 하옵소서

주님이시여, 들어주소서!
빈 그릇은 채워져야 하오니
나의 주님이시여 채워주옵소서!
주여, 저는 믿음이 약합니다.
저를 강하게 하옵소서!

사랑 가운데서 냉정함을 잃지 않게 하옵소서.
저를 따뜻하게 하시고 이웃을 향해 나갈 수 있도록
저의 사랑을 강렬하게 인도하여 주소서.
저는 강하고 확신하는 신앙이 없습니다.
저는 빈번히 불신하고
주님께 대한 신뢰를 간직할 수 없나이다.

주님이시여, 도우소서!

주님께 두는 제 믿음과 신뢰를 강하게 하옵소서!
제가 지닌 모든 재물을 주님께 바쳤습니다.
저는 비천합니다.
주님은 풍요하시니
가난한 자에게 행운을 주시옵소서.
저는 죄인이지만 주님은 정직합니다.
저에게는 죄가 많지만 주님은 정의가 가득할 뿐입니다.

그리하여 저는 은혜를 받기 위해
주님의 품에 남아 있습니다.
저를 아무에게도 버리지 마옵소서.
오직 주와 함께 있게 하시옵소서. 아멘.

평안한 잠을 주소서

오늘 밤, 빛으로 축복하시니
나의 하나님, 주께 영광!
능력의 날개 아래 나를 지켜주소서.
오, 나를 지켜주소서.

만왕의 왕이시여!
세상을 살면서 당신에게 지금껏 지은 죄
주여, 당신의 독생자로 용서하소서.
내가 잠들기 전에 평안을 주소서.

내 삶을 가르쳐주소서.
나의 잠자리처럼 초라한 무덤이 두렵습니다.
내게 죽음을 가르쳐주소서.
심판 날에 영광스럽게 일어납니다.

아, 내 영혼이 당신 위에 쉬게 하소서.
단잠으로 내 눈꺼풀을 덮으소서.
악몽으로 뒤척이지 않게 하소서.
악의 힘이 괴롭히지 못하게 하소서.

내가 잠잘 때
주의 파수꾼으로 내 침상 곁에서 지켜주소서.
신령한 사랑을 내게 부어주시사
모든 악의 길을 막으소서.

복의 근원이신 하나님을 찬양하라.
만물 그 발아래 엎드려 찬양하라.
천국의 주인이신 그를 높이 찬양하라.
성부와 성자와 성령을 찬양하라.

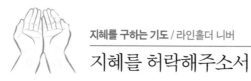

지혜를 허락해주소서

하나님이여!

나에게 내가 변화시킬 수 없는 일에 대해서는

그것을 받아들일 수 있는 평정심을 주시고

내 힘으로 고칠 수 있는 일에 대해서는

그것을 고칠 수 있는 용기를 주시며

그리고 이 두 가지 사이를 깨달아 알 수 있는

지혜를 허락해 주시옵소서.

한 번에 하루만 살게 하소서.

한 번에 한순간만 즐기게 하소서.

역경을 평화의 통로로 받아들이게 하소서.

당신께서 그러하셨듯이

이 죄 많은 세상을 제가 원하는 식이 아니라

그 모습 그대로 받아들이게 하소서.

당신께서 만사를 바르게 하실 것을
신뢰하게 하소서.
제가 당신의 뜻에 굴복한다면
저는 이 땅의 삶에서 행복할 것입니다.
그리고 내세에서는
당신과 영원히 함께 있으면서 말할 수 없이
행복할 것입니다.

주님의 음성을 듣는 기도 / A. W. 토저

듣는 법을 가르쳐주소서

주님, 저에게 듣는 법을 가르쳐주소서!
이 시대는 소란하고 내 귀는 계속해서 귀를 울리는
많은 거슬리는 소리로 인하여 지쳐 있습니다.
사무엘이 당신께
"말씀하시옵소서. 당신의 종이 듣겠나이다"라고
말할 때 지니고 있던 영을 저에게도 주시옵소서.

당신께서 제 심령에 하시는 말씀을 듣게 하옵소서.
저로 당신의 음성에 익숙하게 해주시옵소서.
땅의 소리가 사라질 때
당신의 어조가 저에게 친밀한 것이 되게 하시고
당신께서 말씀하시는 음성만이
음악처럼 울려 퍼지게 하옵소서.

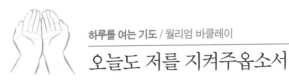

오늘도 저를 지켜주옵소서

오, 하나님!

오늘도 온종일 저를 지켜주옵소서.

노여운 말을 하지 않도록, 상스러운 말을 하지 않도록,

부정한 말을 하지 않도록, 불쾌한 말을 하지 않도록

저의 혀를 제어해 주옵소서.

불순한 생각을 하지 않도록,

질투하고 시샘이 가득한 생각을 하지 않도록

저의 생각을 제지하여 주옵소서.

오늘도 온종일 하는 일에 최선을 다하도록,

도움의 손길이 필요한 사람들에게

너무도 바쁜 탓으로 남을 돕지 못하는 일이 없도록,

뒤에 와서 부끄러워하지 않도록

저의 행동을 삼가게 하옵소서.

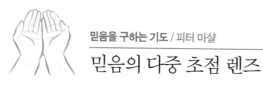

믿음의 다중 초점 렌즈

우리 선조들의 하나님!

우리 하나님!

이 시대가 아무리 어둡고 불확실하지만

궁극적인 의의 승리를 믿는 믿음을 주시옵소서.

우리에게 믿음의 다중 초점 렌즈를 주시옵소서.

즉 이 시대의 절망과 궁핍함을 보는 동시에

친히 만드신 세상에서 자기의 계획대로 행하시는

하나님의 인내를 볼 수 있게 해주시옵소서.

우리의 화폐에 새겨진 표어의 의미를

당신의 종들이 해석하는 일을 도와 주시옵소서.

오늘 우리를 도와주소서.

당신이 행하라고 하신 일을 행하며

행해서는 안 된다고 하신 일을 행하지 않는

정직한 믿음을 주시옵소서.

당신께서 말씀하신 것을 하나도 행하지 않으면서
우리가 어떻게 당신을 믿는다거나
믿고 싶다고 말할 수 있겠습니까?
우리가 행하는 일 속에
우리의 믿음이 나타내게 하여주소서.
우리 주 예수 그리스도의 이름으로 기도합니다. 아멘.

※ 미국의 역사상 가장 사랑받는 상원 원목 중의 한 명으로서 1947년 11월 24일 미국 상원
에서 행한 '믿음의 다중 초점 렌즈'라는 기도로 이 기도는 즉시 미국 국민에게 진한 감
동을 주었다.

나를 지배하소서

주 예수 그리스도시여,

나는 내가 죄인임을 인정합니다.

나는 많은 잘못된 것을

행했으며

말했으며

그리고 생각했습니다.

나는 회개를 통하여 나의 죄들을 배척합니다.

나는 나를 위하여,

나의 죄들을

주님 자신의 몸에 짊어지시기 위하여,

그리고 나의 죄들이 받아

마땅한 형벌을 받으시기 위하여

죽으신 주님께 감사드립니다.

이제 나는 문을 엽니다.
주님 예수시여, 들어오소서.
나의 구세주로 들어오시어서
나를 깨끗하게 해주소서.
나의 주인으로 들어오시어서
나를 지배하소서.

그리고 당신의 힘을 힘입어
나는 평생 다른 그리스도인들과
교제를 나누면서 주님을 따르고 섬기겠나이다.

주님의 도움이 필요합니다

나의 주, 나의 하나님!
주님께 귀 기울인다는 것이 너무나 어렵습니다.
이것이 노력의 문제라기보다는
수용의 문제임을 잘 알고 있기에
꼭 어렵다고 말할 수는 없습니다.

제 말은 제가 너무나 행동 지향적이고
성과 지향적이며
제게는 행동하는 것이 존재하는 것보다
더 쉽다는 뜻입니다.

제가 조용히 귀를 기울이려면
주님의 도움이 필요합니다.
한번 해보고 싶습니다.

주님의 임재의 빛 속에서
침묵하는 법을 배우고 싶습니다.

그 속에서 평안함을 누릴 수 있을 때까지
지금 그 일을 시작하도록 도와 주시옵소서.
감사를 드립니다.
예수님의 이름으로 기도드립니다. 아멘.

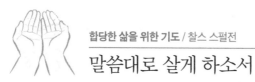

말씀대로 살게 하소서

주님!

성경을 우리 마음판에 더 온전히

기록하여주시길 기도합니다.

진리를 알아 그 진리로 자유롭게 되길 원합니다.

그 진리로 우리가 거룩하게 되길 원합니다.

하나님께 합당한 삶을 우리 안에 이루어줄

살아 있는 씨앗이 우리에게 있게 하옵소서.

그래서 죽은 자의 하나님이 아니라

살아 있는 하나님이신 것을 기억하면서

우리 모든 삶이 하나님께 드려지게 하옵소서.

주님!

저희가 곁길로 갈 때마다 주의 말씀이 우리를 바로 잡고

한순간이라도 어둠으로 끌려갈 때

빛이 되게 하시길 간절히 기도합니다.
주의 말씀으로 온전히 다스림을 받게 하옵소서.
가장 작은 일에서부터 하나님의 뜻을 행하기 원하오니
모든 생각이 하나님의 영의 생각에 사로잡혀
어떤 점에서도 말씀에 순종함으로
우리 자신을 포기할 수 있게 해주시옵소서.
하나님의 백성을 축복하시되
하나님 진리의 말씀으로 흠뻑 적셔 주시옵소서.

주님!
주의 백성들이 세상에 많이 있습니다.
그러나 세상이 그들을 주님으로부터 떼어놓지 못하게 하소서.
세상에 살면서도 세상에 묻히지 않고
세상을 밟고 일어서서
항상 물질적인 것을 초월하여 영적인 승리를 갖게 하소서.
우리가 불경건한 세대 가운데 있을 때
하나님의 말씀으로 우리를 지켜주소서.
잠언의 말씀이 지혜를 공급하고
시편의 말씀이 위로를 주며
서신의 말씀들이 하나님 나라에서 행할 바를
깊이 가르치게 하소서.

주님!

더 높은 삶을 가르쳐주시되 곧 시작하게 하옵소서.

늘 배움의 학교에 있으면서 제자가 되게 하시고

세상에 나갔을 때 예수님의 발아래서 배운 것을

실습하게 하시옵소서.

주님이 어둠 속에서 말씀하신 바를

우리가 빛 가운데서 외치게 하시고

세상에 나갔을 때 예수님의 발아래서 배운 것을

실습하게 하시옵소서.

주님이 어둠 속에서 말씀하신 바를

우리가 빛 가운데서 외치게 하시고

주님이 골방에서 우리 귀에 속삭이신 것을

지붕 꼭대기에서 외치게 하옵소서.